訪問リハビリテーション
7つの極意

プロフェッショナルになるための仕事の流儀

監修：**出江 紳一**（東北大学大学院 医工学研究科長・教授）
著者：地域リハビリテーション開発プロジェクトチーム

法研

はじめに

　日本の高齢者介護施策は、2000年の介護保険施行により福祉から保険制度へと大転換を遂げました。今また、高齢者施策は地域包括ケアシステムへと大転換をなそうとしています。

　かつて、東京オリンピックが開催された年、100歳以上の高齢者は2千人強しかいませんでした。2020年の東京オリンピックを目前にした今は6万人以上の方が100歳以上となっています。

　この高齢者の大幅な増加を支えようとしたのが、公的な介護保険です。これは確実に効果を示し、かつて、ゴールドプランでホームヘルパー10万人が目標であったものが、今や150万人以上の人材が介護で働いています。しかしながら、今度は後期高齢者が大幅に増加する時代となりました。しかも、介護保険が施行された2000年には大きな問題ではなかった生産年齢人口の低下が、この日本ではあらゆる産業に大きな影を落としています。

　このことから、介護保険は量の確保から、提供方法の効率化や、自立支援を目指した介護が求められるように変化してきました。すなわち、サービス量を増やすことから、介護の発生を減らす方向にも重点が置かれ始めました。

　明るい話をすれば、この介護保険による巨大な知見の集積や、医学、看護学、介護の進化は、かつて障害状態すなわち症状が固定し改善しない状態とされた要介護状態から、自立へ戻ることを可能にしてきたのです。日本全体でも、要介護度が前年より改善される率は10％におよび、自立支援を政策的に目指した体制構築に成功した和光市に至っては要支援状態に至った方々を40％以上介護保険の

適用外に、すなわち自立生活が可能にすることに成功しています。

　我々、著者一同（地域リハビリテーション開発プロジェクトチーム）は高齢者が自立生活を可能にするためには、在宅におけるリハビリテーションが重要ではないかと考え、プロジェクトを開始しました。

　リハビリテーションは、従来、病院で行われるものでした。退院時には、自立生活をできる状態であり、退院後のリハビリはそれほど必要なものではありませんでした。このため、リハビリテーションの教育も急性期リハビリを中心に行われてきました。もちろん、急性期リハビリテーションが重要であることは言を待ちません。ところが、人口の高齢化は、在宅で暮らす要介護者を大きく増やすことになりました。

　たとえば、骨折して入院し、退院しても、在宅においてさらに介護が必要な方が増えたのです。さらには、医療も在宅医療として、かつての往診のような一次的なものではなく継続的なものとして必要になっています。在宅でのこの要介護者の大幅な増加は、病院そしてかつて中間施設と言われた老人保健施設、さらに在宅へと、その状況に応じたシームレスなヘルスケア・サービスの提供が必要になっています。

　地域リハビリテーション開発プロジェクトチームでは、病院・施設から地域までのシームレスなリハビリテーションを実現するためには、何が必要かを検討し、その課題解決のための提案をしていきたいと考えました。

　ここで、このチームのメンバーを紹介しましょう。まず、最先端のリハビリ知見を有しておられ医師でもある東北大学医工学分野の出江教授、地域特に在宅のリハビリの現場で日々実践をしている小堺PT、尾崎OT、大庭PT、看護師の視点から訪問看護を統括してい

る藤原看護師、ターミナルなどで看護リハビリをも実践している吉井看護師、社会福祉の立場から課題解決を目指す村田氏、本書の企画の取りまとめを引き受け、かつヘルパーとしての介護実践経験もある白井氏、そしてセントケア・ホールディングという介護サービス会社にて、技術開発や新事業の創生を担当する小生—岡本により構成しました。さらに加えて、全時期を通じてではありませんが、セントケアグループの訪問看護の統括をしている中村看護師、同じく谷口看護師という多様な専門職で構成したチームです。

　この研究は2年間を超え、当初は在宅でのリハビリテーションはどのような流れで成果を上げていくのかを議論しました。そこにおいては、まずアセスメントが重要と考え、アセスメントのあり方にも多くの時間を割くこととなりました。一時期は、地域リハビリがシームレスに実現するためのアセスメント体系を作れないかと議論もしました。その流れの中で、予後予測の重要性、またリハビリテーションを利用されるご本人やご家族との合意形成が重要であるとの議論もされました。訪問リハビリテーションが目標達成、成功したケースと失敗したケースを比較し、その成功要因、失敗要因を分析しました。ベテランで優秀なリハビリテーション技師と、新人との差は何かなども議論しました。この工程で、訪問リハビリテーションが成功するためには、決して外してはならないポイントがあることに気づきました。

　このチームのメンバーは、そのほとんどがサービスの現場を持ち、お客様にリハビリテーションや看護のサービスを提供しています。そうしますと、必然的にこのような議論は、サービスの時間外で行うことになります。日々日常はサービスを提供しながら、その休みに集まり、真剣な検討を行ってきたのです。徹底的な議論をつくそうと合宿をしたこともあります。それぞれの職場は、地域リハビリ

の改善のため、チーム・メンバーがその間、現場を支え、我々を合宿などへ送り出してくれたのです。

　ここで、もう一度、思い出していただきたいのですが、このチームの特性は現場を持った人間で構成されていることです。このことから、我々は研究の成果を現場で活用いただきたい、送り出してくれた仲間とその成果を共有化したいと考えるようになりました。

　また、新人が、あるいは病院勤務のみで訪問の経験のないリハビリテーション技師が、我がチーム・メンバーと同じく経験を経て自らが学び取るだけでなく、我がチーム・メンバーの経験値や本プロジェクトの成果を学べるようにしたいと考えるようになりました。

　剣術においては、血の出るような研鑽のあと、その腕を認められ皆伝書(かいでん)を得ます。一方、この科学の時代、先に学問体系や極意を学ぶことができれば、サービスの質は高くなり、また優秀な先輩の知見・ノウハウを共有化することができます。

　そこで、我々は訪問リハビリテーションの成功のポイントを7つにまとめ、「7つの極意書」として発表することとしました。

●**7つの極意**
　その1　人に関心をもて（生き様や価値観）
　その2　いつもどおりを見よ
　その3　できることに気づかせよ
　その4　手持ちのカードを増やすべし
　その5　セラピストは提案者であれ
　その6　とにかくほめろ（少しの変化に気づけ）
　その7　いずれは手放せ

　これが、本書を執筆するに至った理由です。本書を、我々は多く

はじめに

の新人、多くの教育を担当される方にお読みいただきたい。
　また、多くの現場の方から、忌憚のないご意見をいただきたい。訪問リハビリテーションは、完成された剣術のようなものではなく、科学の体系です。科学は、その構造から進化をするものです。
　本書は完成品ではなく、これから皆様によってどんどん進化させていただくための土台です。さらに、我がチームではこの執筆に加えて、学会でも発表することとしました。地域リハビリの進化のため、学会からも忌憚のないご意見をいただきたいと考えた次第です。進化にはここが終点と言うものはありません。このため、我がチームは存続しております。本書を読んでいただいた方、ご意見いただくだけでなく、我が地域リハビリテーション開発プロジェクトチームに参加されませんか。皆さんで、地域リハビリテーションを進化させ、大きな科学の潮流にしましょう。

　　　　　　　　　著者代表　セントケア・ホールディング株式会社
　　　　　　　　　　　　医療企画本部長　**岡本茂雄**

● **本書の構成**
　本書は第1章〜5章で構成されています。第1章で、新人セラピストが冒しやすい失敗を取り上げ、第4章で失敗の原因を究明し、その解決法・克服のしかたを先輩セラピストがアドバイスするといった構成になっています。そして、第5章で、そこから得られたポイントを7つの極意としてまとめています。第2章で地域におけるリハビリテーションの位置づけ、第3章で訪問リハビリテーションのプロセスといった理論を紹介しています。
　第1章から順に読んでいただいても、第1章・第4章・第5章をお読みいただき、2章・3章の理論をあとから読み7つの極意をより深く理解いただくことも可能です。

訪問リハビリテーション　7つの極意

もくじ

はじめに　執筆／岡本茂雄 …………………………………………………… 2

第1章　あなたは「これ」で失敗している
～新人Aさんの7つの失敗～
執筆／小堺武士　尾崎弘人　　　　　　　　　　　　　　　11

1　「今のままでよい」と言う利用者さん………………………… 12
　　失敗の理由と解決のポイント➡72ページ

2　能力的にはできる動作なんですが…………………………… 13
　　失敗の理由と解決のポイント➡78ページ

3　できることを知ってもらいたい………………………………… 14
　　失敗の理由と解決のポイント➡84ページ

4　提案を受け入れてもらえないんです…………………………… 15
　　失敗の理由と解決のポイント➡88ページ

5　いくら言っても自主トレに取り組んでくれないんです……… 16
　　失敗の理由と解決のポイント➡98ページ

6　やる気が落ちてきちゃったんです……………………………… 17
　　失敗の理由と解決のポイント➡102ページ

7　この人への訪問、いつまで続くの？…………………………… 18
　　失敗の理由と解決のポイント➡106ページ

●訪問看護師のコラム①
　「今までどおりでよい」と言われたSさん ……………………… 19

本書で紹介する専門職のあらまし……………………………………20

第2章 地域における リハビリテーションとは　21
執筆／出江紳一

1. 地域リハビリテーションの構造とプロセス……………………22
2. 地域におけるリハビリテーションと
   病院でのリハビリテーション……………………………………25
3. 身体性：構造・機能と活動・参加をつなぐもの………………29
4. 地域におけるリハビリテーションの実践………………………33

第3章 訪問リハビリテーションの プロセス　37
執筆／小堺武士

1. 概要………………………………………………………………38
2. 欲求の捉え方……………………………………………………46
3. セラピストの視点………………………………………………51
4. 合意形成…………………………………………………………53
5. 寄り添うタイミング・方法……………………………………56
6. つなげる・手放すタイミング…………………………………58
7. アセスメントの仕方（している動作・活動をどうみるか）……61

- ●訪問看護師のコラム②
  本人は歩きたい、セラピストは無理 …………………………… 70

第4章 失敗の理由、解決のポイント　71
執筆／小堺武士　尾崎弘人

1. 「今のままでよい」と言う利用者さん……………………72
   （極意その1「人に関心を持て〈生き様や価値観〉」に対応）
2. 能力的にはできる動作なんですが………………………78
   （極意その2「いつもどおりを見よ」に対応）
3. できることを知ってもらいたい……………………………84
   （極意その3「できることに気づかせよ」に対応）
4. 提案を受け入れてもらえないんです……………………88
   （極意その4「手持ちのカードを増やすべし」に対応）
5. いくら言っても自主トレに取り組んでくれないんです………98
   （極意その5「セラピストは提案者であれ」に対応）
6. やる気が落ちてきちゃったんです………………………102
   （極意その6「とにかくほめろ〈少しの変化に気づけ〉」に対応）
7. この人への訪問、いつまで続くの?………………………106
   （極意その7「いずれは手放せ」に対応）

- ●訪問看護師のコラム③
  手持ちのカードが少なくて ………………………………… 110

第5章 訪問リハ極意・7カ条　111
執筆／尾崎弘人

- その1　人に関心をもて〈生き様や価値観〉…………112
- その2　いつもどおりを見よ…………114
- その3　できることに気づかせよ…………116
- その4　手持ちのカードを増やすべし…………118
- その5　セラピストは提案者であれ…………120
- その6　とにかくほめろ〈少しの変化に気づけ〉…………122
- その7　いずれは手放せ…………124

●訪問看護師のコラム④
　多職種連携を知らない…………126

執筆者・協力者一覧…………127

第1章

あなたは「これ」で失敗している

~新人Aさんの7つの失敗~

小堺 武士
尾崎 弘人

1 「今のままでよい」と言う利用者さん

> **新人Aさん**
>
> 「最近受け持つことになった利用者さんなんですが、困っていることや目標を聞いても今の生活のままでよいと言うんです。軽い脳梗塞という情報はケアマネジャーからもらいましたが、それ以上の医学的情報もなくて…一応屋内でのADLはひととおりできているので、この先どのようにリハビリをしてよいかわかりません。とりあえず、臥位(がい)で行うリハビリをしています。こんなリハビリ意欲が低い方には何をすればいいんですか？」

● 失敗の理由と解決のポイント… **72ページ**

2 能力的にはできる動作なんですが…

新人Aさん

「担当しているBさんのケアマネジャーさんから電話がかかってきて、トイレでの排泄について相談を受けたんです。訓練時にはつかまれば自力で立てているので、普段ヘルパーさんがトイレ介助する時にはパンツの上げ下ろしくらいしか手伝わないように以前からお願いしていたんです。でもどうやらそれがヘルパーさんの反感を買ったみたいで…。なんでも、私がお伝えした排泄介助方法だと時間がかかり過ぎると言うんです。それで、早く排泄介助を済ませるために全介助に近い方法でやっているみたいなんですよ。これじゃあ、いつまでたっても上達しないし、本人も甘える一方なんじゃないかと思うんです。どうしたらいいんでしょう？」

●失敗の理由と解決のポイント… **78ページ**

第1章 あなたは「これ」で失敗している 〜新人Aさんの7つの失敗〜

3 できることを知ってもらいたい

> **新人Aさん**
>
> 「片麻痺(かたまひ)の程度は軽度なんですが、車イス生活を送っていて外に出ずに閉じこもりがちな利用者さんがいるんです。どうして車イスを使ってるのか疑問に思ったので理由を尋ねてみたら、歩ければ歩きたいけど歩くのが怖くて怖くてダメなんだとおっしゃっていました。歩きたい思いはあるのですが、転倒に対して恐怖心が強いようなんです。歩ける能力はあるはずなのに、どうしたら恐怖心を取り除いていけるのでしょう？」

● 失敗の理由と解決のポイント… **84ページ**

4 提案を受け入れてもらえないんです…

新人Aさん

「80歳代のパーキンソン病の女性なのですが、最近食事摂取がしにくくなってきているみたいなんです。車いすに座ったまま丸テーブルに向かって食事をするんですが、たぶん高さが合っていないんじゃないかなと思うんですよ。それでもっとテーブルを高くすればいいと思って、ベッドサイドテーブルを介護保険レンタルしたんです。そうしたら今度はテーブルが狭くて使いづらいって言われました。レンタルできるテーブルの広さはどれもあまり変わらなさそうだし、どうしたらいいんでしょう？」

第1章 あなたは「これ」で失敗している～新人Aさんの7つの失敗～

●失敗の理由と解決のポイント… 88ページ

5 いくら言っても自主トレに取り組んでくれないんです

新人Aさん

「最近、男性の利用者さんを訪問し始めたんですが、一日中ベッド上で寝たり起きたりという生活を送っています。担当のケアマネジャーさんがデイサービスを勧めたところ、いきなりの利用にはご本人が納得しなかったようで、まずは訪問リハビリの方で運動習慣をつけてもらってデイサービス利用につなげてほしいと頼まれました。なんとか運動習慣をつけてもらおうと自主トレメニューを作って、普段の生活に取り入れてもらおうと訪問のたびに指導しているんですが、ぜんぜん取り組んでくれません。どう指導したらよいですか?」

●失敗の理由と解決のポイント… **98ページ**

6 やる気が落ちてきちゃったんです

第1章 あなたは「これ」で失敗している ～新人Aさんの7つの失敗～

> **新人Aさん**
>
> 「半年前から訪問している利用者さんがいるんですが、近ごろ自主トレーニングの頻度が減ったり、表情も冴えないんです。訪問開始当初はリハビリ病院を退院したばかりということもあって、近所のスーパーマーケットやコンビニまで買い物に行くことを目標にして週3回・1回40分の訪問リハビリに加え、自主トレーニングなどにも意欲的に取り組んでくれてたんです。やる気がなくなってしまったのでしょうか？」

●失敗の理由と解決のポイント… **102ページ**

17

7 この人への訪問、いつまで続くの？

> 新人Aさん

「自宅に引きこもりがちな生活を送っている80代男性の利用者さんなんですが、自宅での生活はほとんど自立しているため、3カ月ほど前から、訪問リハビリからデイサービスへの移行をケアマネジャーさんと相談して勧めているんです。ご本人はデイサービスには拒否がちで身の周りのことは自分でできているし、運動も家に来てやってくれるからデイに行かなくても別にいいとおっしゃってるんです。最近はケアマネジャーさんも私もちょっと諦めかけてきていて、このままの状態で訪問を続けていくのも仕方がないのかなって思うようになってきています。でも、何か違うような気もしていて…。どうしたらいいんでしょう？」

●失敗の理由と解決のポイント… **106ページ**

訪問看護師のコラム①

「今までどおりでよい」と言われたSさん

　Sさんは60歳代の女性。確かに気難しい方と聞いていましたが、まさか初回訪問で終了になるとは……。
　10年前に脳梗塞で右片麻痺があり、室内では車いすで移動しています。移乗動作が見ていてとても危なっかしく、ヘルパーさんはどのように介助したらよいかわからず困っているので見て欲しいと、ケアマネジャーからご相談をいただきました。

　初回訪問で新人セラピストのAさんはSさんに新しい移乗方法を提案したところ、「今までどおりで結構です！」と提案を拒否されました。そこでAさんは「わかりました。10年も慣れたやり方でやってきたのだから、何も変える必要はないですね。リハビリする意味はありません。困ったら呼んでください」と言って退出してきたのです。
　慌ててケアマネジャーにお詫びのご連絡をしたのですが、本人の説得ができていなかったので申し訳なかったと逆に謝っていただきました。肝心のAさんは「リハビリは本人にやる気がないとできないんで、あれじゃあ無理です！」と言って、全く反省の様子はありませんでした。

　ケアマネジャーは、リハビリはケアマネジャーが説得できないと介入してもらえないものと感じたことでしょう。

　あのケアマネジャーからはもうご相談はいただけないかも……。

（藤原　祐子）

本書で紹介する専門職のあらまし

訪問リハビリを行うセラピスト（療法士）

理学療法士
(PT: physical therapist)

　理学療法を医師の指示のもとに行う専門職。理学療法士及び作業療法士法に定められた国家試験に合格し、厚生労働大臣の免許を受けた者。立つ、歩くなど日常に必要な基本動作の指導を行う。①寝返りを打つ、立つ、歩くなど身体を動かす訓練、②マッサージや温熱療法、③ご本人の状況に合った住宅改修のアドバイスなど

作業療法士
(OP: occupational therapist)

　医師の指示のもと、さまざまな生活障害を持った人に対して、健康な生活を取り戻すための訓練・指導を行うリハビリテーションの専門職。理学療法士及び作業療法士法に定められた国家試験に合格し、厚生労働大臣の免許を受けた者。身体の応用的な動作能力、社会適応能力の指導を行う。生活に必要な作業能力を回復させるための工作や作業など

言語聴覚士
(ST: speech therapist)

　言葉によるコミュニケーションに障害がある人に対し、必要に応じて訓練、指導、助言等の専門的なサービスを提供し、自分らしい生活を送れるよう支援する専門職。厚生労働大臣の免許を受けた国家資格。言語によるコミュニケーション能力や摂食・嚥下障害などの機能回復の指導を行う。①発声・発語の訓練、②飲み込む機能を改善する訓練など

介護職

ケアマネジャー（居宅介護支援員）

　介護が必要な人に効果的なサービスが提供できるよう、介護サービス計画（ケアプラン）を作成したり、事業者や市区町村との調整などを行う専門職。主に利用者が医療・福祉などの多様なサービスを効果的に受けられるよう調整し、計画をまとめる。介護保険法のもとでのケアマネジメントは、介護支援サービスと呼ばれる

ホームヘルパー（訪問介護員）

　要介護者、身体障害者、難病患者などの家庭を訪問して、日常生活の援助や介助を行う。介護保険の給付が認められているのは、①食事や入浴、排泄などご本人の身体に直接触れて行う介助やその準備や片づけを行う身体介護、②調理や洗濯・掃除といった家事全般を行う生活援助、③通院などに利用する介護タクシーの乗降時とその前後の移動介助、の3種類のサービス

第2章

地域における リハビリテーション とは

出江 紳一

地域リハビリテーションの構造とプロセス

　生まれてから成長するまでの過程において、重力・気温などの自然や、住居・交通機関などの人工物、さらには学校・職場といった社会システムなど様々な外的環境を認識して適切な運動・行動を選択することにより、人はそれらに適応し生活している（**図1**）。しかし疾病・外傷や加齢変化により感覚・運動機能に不具合を生じると食事・排泄・移動などの日常生活、あるいは就学・就業・家事などの社会生活が困難となり、その結果として人生における自由度が低下する（**図2**）。

　リハビリテーションは、当事者の視点に立てば、人が環境に再適応するプロセスであり、医療・福祉職の視点に立てば、それを支えるシステム・構造であるといえる。そして地域リハビリテーションは、その人が暮らす場所でのリハビリテーションである。ここでは訪問リハビリテーションを前提として、当事者を利用者、医療・福祉職を提供者と呼ぶことにする。

　リハビリテーションの実施にあたり、まず評価が行われ、次に目標が設定される。また評価は予後予測を含むものでなければならない。再適応のプロセスは「時間」や「日」というよりは、「月」や場合によっては「年」という時間の単位で進行し、予後は疾病や遺伝子によって一つに決まるのではなく、実施したリハビリテーションに大きな影響を受ける。したがって予後予測は、「3ヵ月間」といった一定期間の適切なリハビリテーションを行った場合に変化しうる幅（ポテンシャル）を予測することである。

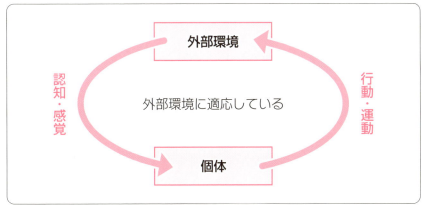

図1. 適応状態

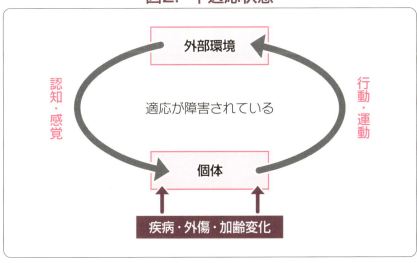

図2. 不適応状態

　ところで、地域リハビリテーションでは、急性期の医療に比べて評価や目標設定における利用者の欲求や価値観に左右される部分が大きく、実施においては利用者のモチベーションや実際の行動が重要な位置を占める。したがって、予後予測に基づく目標設定は、提供者側の言葉から利用者の理解できる言葉に翻訳されて提案されな

図3. リハビリテーションのプロセス

ければならない。その提案と利用者自身が自分の言葉で語る目標とのギャップに提供者は注意を向け、両者の合意が形成されるまで粘り強く聞き分ける。目標が真に利用者の切実な欲求となること、「無理」から「自分にはできる」への視点の変化が生じること、行動が変化することが、リハビリテーションを「活動・参加」や「生きがい」につなげるための鍵であると考えられる。

　再適応に至るリハビリテーションのプロセスを図3にまとめた。疾病や加齢変化による不適応状態にある利用者に出会ってから提供者が注意を向ける事項が時系列的に並べられている。実際のリハビリテーションでは、これらが直線的に進行せずに行きつ戻りつ停滞したり、欲求の表出までに多くの時間を要したりするであろう。提供者は、自分がいる場所を常に意識している必要がある。

地域におけるリハビリテーションと病院でのリハビリテーション

　リハビリテーションは、回復を願う患者とその家族のために（あるいは、家族と共に）、多様な専門職が、勤務する部署・施設の壁を越えて連携するダイナミックな営みである。たとえば日常生活の観察から認知機能や運動機能に問題があるのではないかと疑うこと、ハイテク機器によって診断・治療を行い、機能的ポテンシャルを最大限発揮させること、その状態を生活環境に統合させて安全な介護を実践すること、これらの間に重要度の差はなく、高度の専門性はむしろ生活に近いところにある。

　ところで私たちは、地域におけるリハビリテーションと病院におけるリハビリテーションとは、その構造や過程（プロセス）に違いがあるのではないか、と考えている。それは単なるハードウエア、ソフトウエアの違いではなく、視点の相違に基づくものである。たとえば、「連携」という言葉からイメージされるものが、病院の視点と地域の視点では異なる。ここでは摂食嚥下障害のリハビリテーションを例に、多職種によるチーム医療を行う専門病院と地域との連携を考えてみる。

　図4は病院の視点からみた連携であり、フローチャートは問題発見から始まる。地域から患者を紹介された病院は、問題の原因を明らかにしてそれを解決し、あるいは最善の状態にして地域につなげる。地域は病院の外側にある環境であり、患者個人の事情や要望などとともに背景因子として扱われる。

　一方、**図5**は地域の視点からみた連携であり、フローチャートは

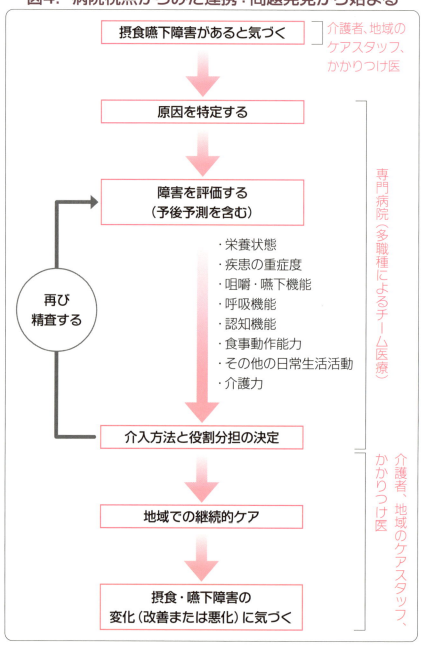

図4. 病院視点からみた連携：問題発見から始まる

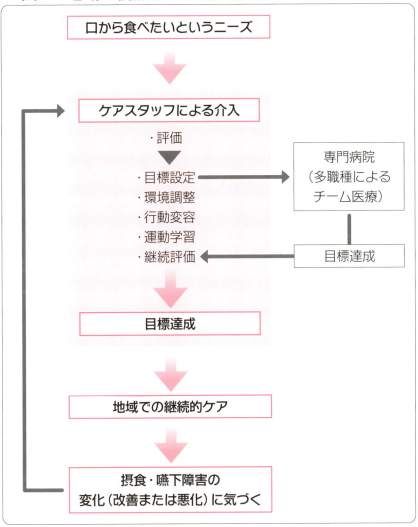

図5. 地域の視点からみた連携：ニーズから始まる

当事者のニーズから始まる。評価と目標設定の後、必要があれば専門病院に紹介される。その場合、病院での目標が達成されたとしても、患者（利用者）が地域に戻ってから定常的な暮らしに戻るまで地域におけるリハビリテーションの介入は続く。利用者個人の事情や

地域環境は、背景というよりもリハビリテーションの基盤である。そして専門病院でのリハビリテーションは回復を目標とする患者の人生の一時期であるが、地域におけるリハビリテーションは、機能の回復を活動・参加につなげるという再適応を目標とする利用者の生活の一部である。

　病院におけるリハビリテーションと地域におけるリハビリテーションの構造とプロセスの違いは、「人生の一時期」と「生活の一部」の違いであるともいえる。病院では、生活がリハビリテーションの中に統合され、日常生活活動（ADL）の尺度で測定される帰結を最大化することを目指すのに対して、地域では、リハビリテーションは生活の一部に組み込まれ利用者の欲求の実現に向かう。なお「リハビリテーションを生活の一部に組み込む」とは訓練を漫然と継続することを意味するのではなく、機能の改善を参加・活動に結びつける方略を自らのものとすることであり、生活への再適応をもって介入そのものは終了する。

　最後に、病院では機能的目標が比較的合理的に提示されるが、地域では利用者・家族の生活上の要望や人生の展望をふまえた対応が求められ、リハビリテーションはより個別的となる。したがって地域のケアスタッフには、利用者・家族の話に耳を傾け当事者にとってリハビリテーションが持つ意味に注意を向けることが求められ、それを遂行するためのコミュニケーションが重要な技術となる。

　病院においては、目標を明確にし、機能回復に向けた動機付けを最大化するコミュニケーションが患者と医療スタッフの間で交わされることが求められる。それに対して、地域においては、生活の中

表1. 地域と病院におけるリハビリテーションの違い

	地域でのリハビリテーション	病院でのリハビリテーション
当事者の事情と環境	リハビリテーションの基盤	背景因子
スタート	当事者のニーズ	問題の発見
ゴール	生活への再適応	能力の最大化と地域への復帰
リハビリテーションの意味	生活の一部	人生の一時期
当事者とスタッフのコミュニケーションの目的	生活におけるリハビリテーションの意味を共有すること、自己効力感を向上させること	目標を明確にし、機能回復に向けた動機付けを最大化すること

でリハビリテーションが持つ意味を利用者とケアスタッフが共有するようなコミュニケーションを基盤として、日々できていることを確認し自己効力感を高めることが肝要である。

以上述べてきた地域におけるリハビリテーションと病院におけるリハビリテーションの違いを**表1**にまとめた。それぞれを担当するスタッフが相手の言葉に違和感を覚えたら、相手が違う視点を持っている可能性に意識を向けてみるとよいかもしれない。

3 身体性：構造・機能と活動・参加をつなぐもの

疾病や外傷により身体構造と機能に障害が生じると外部環境に適応することが困難となる。リハビリテーションは人が環境に再適応

することを支援する技術であり、過程である。そして環境への再適応とは、日常生活活動（ADL）の遂行が容易となり、社会との繋がりを再獲得すること（参加）である。

　そこでリハビリテーション専門職は、利用者の構造・機能に応じた環境と活動レベルを設定する。たとえば麻痺の重症度や歩行能力に合わせて、装具や歩行補助具を使用したり、手すりを設置したりする。それによって、屋内で歩いて食堂やトイレに行くことが自立すれば、その活動を反復することにより、麻痺が改善したり関節可動域が増大したりするなど、患者の構造・機能が改善する。
　翻ってそれがまた活動を促進させ、構造・機能の改善を促す。装具や杖、手すりなしで移動が自立することもあるだろう。一方、「参加」には、構造・機能、活動、環境因子に加えて、個人の心理社会的要因が強く影響すると思われるが、構造・機能—活動の向上サイクルは「参加」に有利にはたらくはずである（**図6**）。

　このように、構造・機能と活動・参加をつなぐことは、リハビリテーションの中心的な技術であるが、その原理は明らかでなく、経験に基づいて試行錯誤が行われているのが現状である。構造・機能から考えて「できるはず」のADLを、患者さんが実際には「していない」ことがあるのは何故だろうか。「できるはず」と医療者が考え、事実訓練室ではできていても、患者さん自身には「できる」と感じられていないのかもしれない。「できる」という確信があれば、「する」であろう。「しようと思っている」のに「実際はしていない」ということは、障害がなくてもしばしば起こることであり、自分の能力や状況への認識と洞察が不十分であることが原因となっている可能性がある。

図6. 構造・機能と活動・参加がつながるリハビリテーション

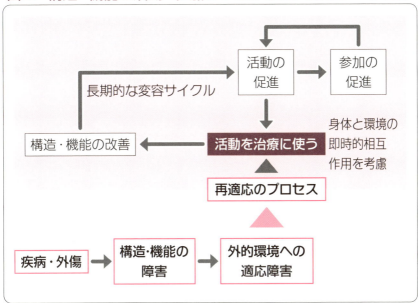

　日常生活において身体を自在に動かすには、自己身体への認識が必要である。通常はおおよそ自分の手が届く範囲や、一歩の距離がわかっているので、特段意識せずに棚の物を取ったり、溝をまたいだりすることができる。けれども感覚が鈍麻すると、自分の手足であるという感覚が薄れ、手や足をよく見ながらでないと、その動作を行うことができなくなる。

　また、自在な動作を行うには、自己身体の状態をモニタリングしながら、目的の動作を構成する要素的な運動を適切なタイミングと順序で実行する仕組みが必要である。たとえば右手に箸、左手に茶碗を持ち、体幹のバランスを保ちながらご飯を口に運び、咀嚼し、嚥下するという、日常の食事動作一つをとってみても、それが極めて精緻に組み合わされた複合運動であることがわかる。

図7．身体性：構造・機能と活動・参加をつなぐ脳のしくみ

リハビリ後	リハビリ前	脳卒中・外傷性脳損傷 / 脊髄損傷・脊髄疾患 / 骨関節疾患・関節リウマチ / 神経筋疾患 / 脳性麻痺 / 四肢切断 / 疾患 / 呼吸循環器疾患
活動・参加への適応	活動・参加の障害	症状、個人因子、環境因子による日常生活や社会参加の障害
身体性の適応的更新	身体性の歪み、あるいは不適応状態	疾病・外傷による新たな身体の状態を環境に適応させる「身体性」が獲得されていない状態。
新しい構造・機能	構造・機能の障害	疾病・外傷に起因する症状、2次的合併症

　人の身体をオーケストラに喩えると、音を出していない演奏者も含めた全体を自己として感じ、かつ動かす指揮者のようなものが脳に備わっているのではないか、と私たちは考え、この指揮者のような神経ネットワークを脳内身体表現と名付けた。ここでは脳内身体表現という神経ネットワークが果たしている機能を「身体性」と呼ぶことにする。誤解を避けるために補足すると、この「指揮者」には主体性はなく、行動の意志は別に存在する。

　たとえば脳卒中などで麻痺が生じると、病気の前のように「指揮」をしても身体は意図した通りに動かず、環境に適応できない動作は行われなくなる。そして動かさない手足への注意は時間とともに減少していき、「指揮」をすること自体を忘れていく。もし麻痺の状態に合わせて環境に適応した動きができるように「身体性」を修正す

ることができれば、活動が保たれるであろう。

　つまり、脳卒中後の新しい構造・機能の状態と活動・参加をつなぐためには、「身体性」が適応的に更新される必要がある。リハビリテーションの臨床に「身体性」の概念を導入することにより、回復に必要な「構造・機能と活動・参加との連関」を明らかにし、「本当にできる」ADLを正確に予測することができるかもしれない。様々な疾病・外傷のリハビリテーションにおける「身体性」がもつ意味を**図7**にまとめた。疾病・外傷の種類によって「身体性」の役割の重みづけは異なると思われるが、人工関節置換術後の「違和感」や、加齢に伴って自己の身体イメージと実際の能力とが解離することなど、ほとんど全ての病態で、構造・機能と活動・参加をつなぐ仕組みに「身体性」を据えたモデルを設定することができると思われる。

地域における リハビリテーションの実践

　地域におけるリハビリテーションとは何かを考える上で大切と思われる3つのことを述べた。
　第1に、リハビリテーションは外的環境と自己とをつなぐ再適応のプロセスであること。
　第2に、リハビリテーションは病気の前と後をつなぐ利用者の人生の物語の一部であること。
　第3に、構造・機能と活動・参加とをつなぐ仕組みとして「身体性」を据えたモデルを設定すること。

　再適応のプロセスを経て、利用者は社会とのつながりを取り戻す。

それは病気の前と病気の後をつなぐ人生の物語を獲得するプロセスでもある。そして、「身体性」のモデルはこれらのつながりを科学的に扱い、予測することを助け、複雑な地域リハビリテーションの現場と学問とをつなぐ道具になると思われる。

　現場には様々な課題がある。どのようにケアプランを策定するか。ケアプランが有効に実行されるにはどうすればよいか。ケアの有効性をどのように評価するか。利用者・家族から信頼を得るにはどうすればよいか。ケアの質を高めるための人材育成をどのように行うか。

　少し引いた視点から眺めると、これらに悩む現場のケアスタッフと環境への再適応に取組む利用者とは、目標を共有するパートナーのようにも見える。**図3**に示したリハビリテーションのプロセスを利用者ではなく、ケアスタッフ自身の成長のプロセスとしてみたとき、「極意集」はどのように読めるだろうか。

　医療が工学技術の進歩により大きく変化しているように、地域におけるリハビリテーションも情報通信技術(ICT)の導入などにより変化していくと思われる。たとえばリハビリテーション支援ロボットが家庭に置かれ、クラウド型データベースと地域リハビリテーションの現場をつなぐことができれば、ビッグデータ処理の技術により、最適な支援の提案がタイミングよく行えるようになるかもしれない。新しい道具が開発され駆使されることにより、多くの利用者が利益を受け、ケアスタッフの専門性が高まり、同時に地域におけるリハビリテーションのプロセスへの理解が深まるであろう。

図8. リハビリテーションのプロセスと極意の対応

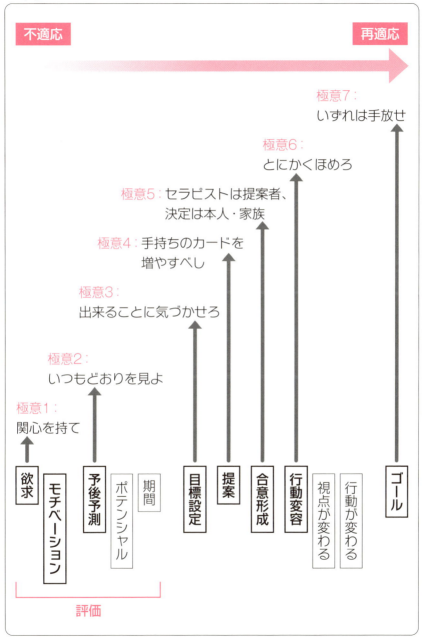

「地域におけるリハビリテーションとは何か」は、それを実践することで明らかになると思われる。**図3**のプロセスを意識して経験を重ねることにより、体験が知識・技能として蓄積される。**図8**にプロセスの各段階と対応する極意を示した。極意の詳細はそれぞれの項目を参照して頂きたい。体系化された知識・技能をもつ優れた専門的実践者が増え、それにより人材育成が促進されることが、地域におけるリハビリテーションの発展に必須である。

第3章

訪問リハビリテーションのプロセス

小堺 武士

1 概要

　読者の中にはビジネス書などで「PDCAサイクルを回す」という表現を目にしたことがある方も多いのではないだろうか。
　PDCAサイクルは事業活動における生産管理や品質管理などの管理業務を円滑に進める手法の一つとされている。

　PDCAとはすなわち、**P：Plan（計画）、D：Do（実行）、C：Check（評価）、A：Act（改善）**であり、この4段階を繰り返すことにより業務を継続的に改善することが「PDCAサイクルを回す」ことの目的である。リハビリテーション分野でも近年このPDCAサイクルを回すことの重要性が指摘されている。

　さらには平成27年3月に厚生労働省でまとめられた「高齢者の地域における新たなリハビリテーションの在り方検討会報告書」ではPDCAの前に**S：Survey（情報収集）**が加えられ、「**SPDCAサイクルを回す**」ことが提言されている。高齢者の状態はそれぞれの日常生活や人生を反映したきわめて個別的、個性的なものであり、ニーズも多様である。それらを的確にとらえるためにSurvey（情報収集）を行うことが重要というわけである。

　ところで、この「高齢者の地域における新たなリハビリテーションの在り方検討会報告書」であるが、読者の皆さんは既に目を通したであろうか？　もしまだであれば、インターネットから簡単にダウンロードできるので、一読することをお勧めしたい。報告書では現状の課題として、以下の事項を挙げている。

○個人の状態や希望等に基づく適切な目標の設定とその達成に向けた個別性を重視した適時適切なリハビリテーションが、必ずしも計画的に実施できていないのではないか（依然として、訓練そのものが目的化しているのではないか）。

○「身体機能」に偏ったリハビリテーションが実施され、「活動」や「参加」などの生活機能全般を向上させるためのバランスのとれたリハビリテーションが依然として徹底できていないのではないか。

○廃用症候群への早期対応が不十分ではないか。

○居宅サービスの一体的・総合的な提供や評価を進めるべきではないか。

○高齢者の気概や意欲を引き出す取り組みが不十分ではないか。

○通所と訪問の連携や他のサービス事業所間・専門職間の連携を高める必要があるのではないか。

○利用者や家族を始め、国民一人ひとりがリハビリテーションの意義についてさらに理解を深める必要があるのではないか。

　これらの指摘はその後の平成27年度介護報酬改定や平成28年度の診療報酬改定にも影響を及ぼしており、下記の点が重視されている（**図1**）。

・個別性を重視し、生活機能全般を向上させるための心身機能、活

図1. 活動と参加に焦点を当てたリハビリテーションの推進

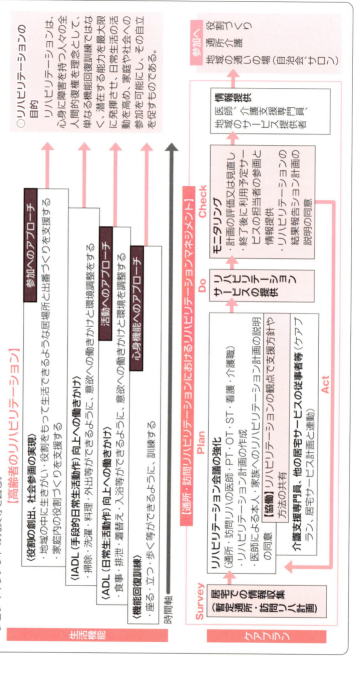

表1. 病院と在宅におけるリハビリテーションの違い

	病院（施設）	在宅
対象者	患者	生活者
環境	医師・看護師等が同施設内にいる	セラピストが通常単独 他職種が他法人ということもしばしば
機器	充実（心電図モニタ、血液データ等）	十分とは言えない（血圧計、パルスオキシメータ、体温計等）
介入目的	身体機能の改善 ADL能力の改善 疼痛の改善　等が中心	生活機能（生活力）に着目 ADLに加えIADLも重要 QOLの改善

動、参加にバランスのとれたアプローチを行うこと
・リハビリテーションマネジメントの再構築
・サービス特性を活かした効果・効率的な事業所運営
・高齢者の意欲を引き出す取り組み

　病院内における急性期・回復期リハビリテーションにおいては、身体機能の回復や日常生活動作能力の向上に主眼が置かれることが多い。疾患管理の立場と早期退院に向けて患者と病院側の合意が得られ、治療が進められる。しかし在宅においては、暮らしたいように暮らしている生活者に対して医療者が強く医学的に管理しようとしても、上手くいかないことが多い。病院でのリハビリテーションをただ在宅に持ち込んでも機能しないのだ（**表1**）。

　在宅におけるリハビリテーションに関する研究や論文は増えてきてはいる。だが、その手法についてや多様なアプローチについては

図2. 共通言語としての国際生活機能区分 (ICF)

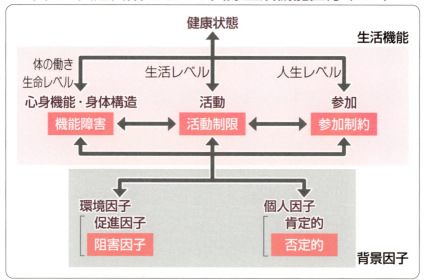

　個々人の経験に基づく「暗黙知」に依存している部分がまだまだ大きいと思われる。主観的個人的知である「暗黙知」は、経験的身体的知つまり臨床の知（実践知）であり、個人の中に蓄積されていく。個人の中に蓄積された暗黙知は言語化されることなどによって初めて客観的理性的知である形式知へと変換され、他者への知識伝授が行われる。

　ところで前述の国の資料に「個別性」という言葉が何度か出てきていることにお気づきであろうか。これからの地域におけるリハビリテーションは個別性を重視することが重要なのだ。

　個別性を重視するということは、ICF（**図2**）の背景因子を重視するということでもある。ところがここで問題がある。背景因子は環境因子と個人因子に分けられているが、個人因子は分類が多岐にわ

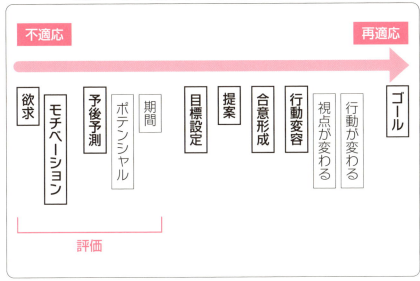

図3. リハビリテーションのプロセス

たるため整理されておらずICFのコードは存在しないのだ。

　また、活動と参加についても明確な線引きはされていない。ICF分類ですら個人因子、活動と参加の分類が未整理な状態なのである。今は人類がいまだかつて経験したことのない少子超高齢化社会において、活動と参加につながる個別性を重視したリハビリテーションの提供が求められているチャレンジングな時期なのである。

　地域におけるリハビリテーションが手探りな中、我々は2013年12月にプロジェクトチームを立ち上げ、地域におけるリハビリテーションの構造とプロセスの検証を行ってきた。

　そしてセラピストと生活期の対象者との間におけるリハビリテーションのプロセスについて、実践者へのインタビューとアンケート

調査、そして幾度にもわたるプロジェクトチームによる検討を行い、**図3**のような仮説を立てた。

　図3のプロセスは当事者の立場と介入者であるセラピストの立場の両面からみたプロセスである。
　これを当事者とセラピストの視点で分けたものが**図4**である。当事者の視点から言えば、当事者は自身の健康状態、心身機能、個人因子、環境因子などを含めたその総体としての自分の潜在能力を自己評価しており、その自己評価した自分自身と向き合っている。

　総体としての自身と向き合った結果、今の興味や関心、不安などを言語化したものが「表出された欲求」であり、当事者側から提案してくる発言であったりする。
　自己評価の結果として現れている行動が「している活動」である。「している活動」の狭小化や痛みの増悪などは自身にフィードバックされやすく、生活意欲の低下や自信の喪失につながりやすい。
　セラピストの視点からは、「できる活動」と健康状態、心身機能、環境、個人因子から対象者の生活予後を予測し、将来的に「している活動」への汎化を目指している。

　セラピストは「できる活動」と「している活動」の乖離を評価しており、対象者の思いとすり合わせた上で目標を設定している。この作業が合意形成である。合意形成には交渉スキルが必要であり、一方的な説得では合意の形成に至らないことが多い。

　目標の合意は極めて重要であり、合意形成が得られればセラピストは、

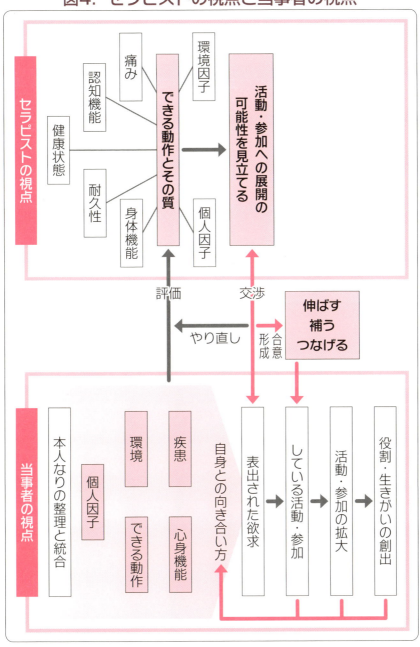

図4. セラピストの視点と当事者の視点

①身体機能を向上させる
②生活機能を代償する
③新たな人・場所につなげる

　という3つの手段を用いて「している活動」の拡大を目指す。「している活動」の拡大は本人の自信の回復や生活意欲の向上に結び付き、役割や生きがいの創出につながる。

　合意形成に至らない場合、セラピストは対象者自身の身体機能や生活課題の一部に関わりながら、言語・非言語コミュニケーションの両面から対象者の表出されていないニーズを探り、介入の糸口を見出そうとしている。リハビリテーションの対象となる当事者自身も、時には自分自身の「できる能力」や、置かれている環境、これまで積み重ねてきた経験の強みに気づいていないこともあり、ちょっとしたきっかけが潜在能力の気づきにつながり、合意形成に至ることもある。

　当事者との合意形成のプロセスは病院における急性期・回復期リハビリテーションにおいても欠かせないものであるが、生活期においては機能的な予後よりも生活予後が重視される分、当事者の価値観により左右されることになる。

2　欲求の捉え方

　欲求の表出という観点からは、経験上、対象者はおおまかに2通りに分けられる。
　何らかの欲求を自らの口で表出する人とそうでない人である。

何らかの欲求を表出している方の場合、一見介入はしやすいように思われるが、一方的に対象者の口から出た言葉を聞いているだけでは、それはセラピストが御用聞きをしているだけである。

　たとえば活動性の低い高齢男性がいたとしよう。
　ご本人は「肩でももんでくれ」と要望している場合、あなたはどう行動するだろうか。肩もみもプログラムの一つに成り得るし、ご本人がそう言う背景には何か身体的な不都合があるのかもしれない。
　しかし、ケアマネジャーや医師等にも話を聞いてみると、この方に理学療法士や作業療法士を訪問させようと判断した意図が別のところにあったりもする。ご家族や他職種の欲求もしっかりと聞き取った上で再度ご本人の欲求を聞いてみると、何となく全体像がつかめてニーズが浮かび上がってくることが多い。

　また逆に対象者が何も表出しないから（もしくは言語的な表出ができないから）何も欲求がないというわけではない。
　本人の意向を軽んじて家族の欲求だけを重視したり、ケアマネジャーや他職種からの要求のみに応じるのは専門職としては物足りない。当事者主体というのは大前提であるが、誰のどのニーズに応えるのかということを総合的に判断するのは容易なことではない。

　ブラッドショーのニード論（**図5**）によるとニードはその認識される経路別にノーマティブ・ニード（**規範的ニード**）、コンパラティブ・ニード（**比較ニード**）、フェルト・ニード（**自覚ニード**）、エクスプレスト・ニード（**表明ニード**）に分けられるという。
　4つのニードにはそれぞれ細かな違いがあるが、対象者の「欲求」にあたるのはフェルト・ニード（自覚ニード）であり、エクスプレス

図5．ブラッドショーのニード論

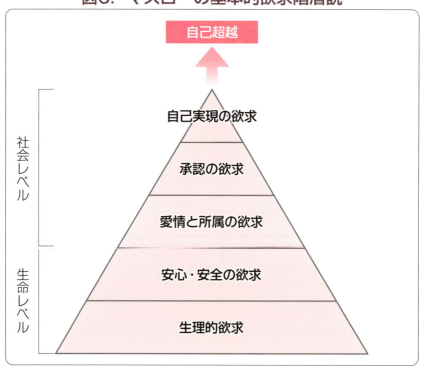

図6．マズローの基本的欲求階層説

ト・ニードと併せて主観的ニーズと括られる（ノーマティブとコンパラティブを併せて客観的ニーズという）。

　それぞれの立場から出てくる欲求、ニーズの重要性、必要性を総合的に判断するよう心掛けよう。いずれにせよ、言語として表出された言葉のみに振りまわされるのではなく、その方の背景にある価値観や経験をくみ取り、非言語的な情報もキャッチし、声なき声に耳を傾けようという姿勢を通して対象者の「ありたい自分」像を探っていくことが重要である。

　これにはマズローの基本的欲求階層説を理解しておくとよい。マズローの基本的欲求階層説（**図6**）では人間の欲求を第一階層の生理的欲求から第五階層の自己実現の欲求までピラミッド状に構成しており、低層ほど生きていくために最低限必要な生命レベルの欲求といえる。
　マズローは晩年には5段階の欲求の上にさらに上位の階層「自己超越の欲求」があると発表した。

　下層の欲求がある程度満たされていないと上層の欲求には移行できないであろうが、より上位の欲求ほど、その人らしさが現れると言える。面接の中では、対象者にはより上位の社会レベルの欲求を語ってもらえるようにファシリテートする（促進する）ことが面接者であるセラピストには求められる。その際に介護保険制度の基本理念である「**利用者本位**」、「**高齢者の自立支援**」、「**利用者による選択（自己決定）**」も忘れずに心に留めておきたい（**表2**）。

表2. 介護保険法（一部抜粋）

介護保険法第1条（目的）	この法律は、加齢に伴って生ずる心身の変化に起因する疾病等により要介護状態となり、入浴、排せつ、食事等の介護、機能訓練並びに看護及び療養上の管理その他の医療を要する者等について、これらの者が尊厳を保持し、その有する能力に応じ自立した日常生活を営むことができるよう、必要な保健医療サービス及び福祉サービスに係る給付を行うため、国民の共同連帯の理念に基づき介護保険制度を設け、その行う保険給付等に関して必要な事項を定め、もって国民の保健医療の向上及び福祉の増進を図ることを目的とする。
介護保険法第2条（介護保険）	介護保険は、被保険者の要介護状態又は要支援状態（以下「要介護状態等」という。）に関し、必要な保険給付を行うものとする。 2　前項の保険給付は、要介護状態等の軽減又は悪化の防止に資するよう行われるとともに、医療との連携に十分配慮して行われなければならない。 3　第一項の保険給付は、被保険者の心身の状況、その置かれている環境等に応じて、被保険者の選択に基づき、適切な保健医療サービス及び福祉サービスが、多様な事業者又は施設から、総合的かつ効率的に提供されるよう配慮して行われなければならない。 4　第一項の保険給付の内容及び水準は、被保険者が要介護状態となった場合においても、可能な限り、その居宅において、その有する能力に応じ自立した日常生活を営むことができるように配慮されなければならない。
介護保険法第4条（国民の努力及び義務）	国民は、自ら要介護状態となることを予防するため、加齢に伴って生ずる心身の変化を自覚して常に健康の保持増進に努めるとともに、要介護状態となった場合においても、進んでリハビリテーションその他の適切な保健医療サービス及び福祉サービスを利用することにより、その有する能力の維持向上に努めるものとする。

セラピストの視点

　対象者の身体機能面・生活機能面のできないことが目につきやすいが、ICFの視点から強みを活かしたストレングスアプローチを念頭に置く。これは現代においては高齢者の生きがい創出と社会保障費の抑制という二つの視点で臨まなくてはならない。

　例えば、ある人が「10mしか歩けない」のか「10mなら歩くことができる」のかは捉え方次第であろうが、この捉え方の違いは大きい。「10mしか歩けない」と本人はおろかセラピストまでもが思っているとしたら、その対象者の方の可能性をセラピスト自らが狭めてしまっていることになる。
　「10mなら歩ける」と発想の転換がうまくいけば10m以内の距離で移動できる活動を考えて、もしくは代償によって補い、その方の活動・参加レベルの可能性を広げることができる。

　「できるADL」と「しているADL」の乖離、置かれている環境因子、個人因子の強みとできる動作を見極め、基礎疾患の進行具合などのリスクも加味した上で、今後できる生活をイメージできるようになろう。

　対象者とのかかわりにおいては、直接かかわっている時間内でできることのみを考えるのではなく、対象者の1日、1週間、1カ月、1年の生活全体を考え、セラピストとしての生活のマネジメントを行うことが重要である。多くのセラピストは医療保険制度、もしくは介護保険制度に基づいた施設に所属しているため、制度の面からで

きること、できないことで規定してしまいやすい。

　しかし、対象者は医療保険や介護保険の中に住んでいるわけではない。当然ながらそこで生活をしている生活者なのである。私たちが持っている専門知識と技術を時間でバラ売りするのではなく、対象者が持っている近隣とのつながりや地域のフォーマル/インフォーマル資源等を積極的に把握し、コーディネートしていく視点と行動力が求められている（**図7**）。

　身体機能面の改善に固執する対象者にしばしば出会うが、その方の意向は尊重しつつ、身体機能面へのアプローチのみでなく積極的な代償手段やインフォーマル資源の活用など、活動と参加の面から障害と付き合いながら生活していく術へと、意識の転換を図っていこう。

合意形成

　セラピストとリハビリテーション対象者の間における合意の形成とは、双方の目標の共有作業のことである。すなわち、対象者が考えているあるべき自分の姿とセラピストが見立てたその方のできる生活のすり合わせである。したがって合意形成の過程でセラピストにはファシリテーションスキルと交渉スキルが求められる。

　目標を共有する際には、SMARTの法則を意識するとよい。
　SMARTとは、S：Specific（**具体的、わかりやすい**）、M：Measurable：（**計測可能、数値で表す**）、A：Attainable（**達成可能、同意の上**）、R：Realistic（**現実的、結果志向**）、T：Timely（**明確な期限**）の略である。

　対象者からはしばしば「歩けるようになりたい」というような要望が出てくることが多いが、そのような場合には「歩けるようになる」という目標を共有するのではなく、歩くという手段によってど

表3．SMARTな目標設定

S	：Specific	具体的、わかりやすい
M	：Measurable	計測可能、数字になっている
A	：Attainable	達成可能な
R	：Realistic	現実的で結果志向
T	：Timely	期限が明確

のような生活を実現したいのかを共有することが重要である。

　実現したい生活を共有できれば、その必要条件となる「スーパーまでの300mをシルバーカーを使って往復できる」、「トイレまで伝い歩きで行く」というような目標を共有できる。

　また、対象者自身が実現したい生活についてはっきりとしたイメージを持てていない場合もあり、そのような場合にはこちらから対象者自身のありたい自分像を引き出して整理していく過程を踏まなくてはならない。身近な生活課題の小さな変化や健康状態、身体機能などの変化がきっかけとなって本人の意識の変化が起き、それまで否定していた手段を用いるということも度々あるため、普段から実現したい生活を達成するための様々な手段については情報として提供しておくことが重要である。また、実現したい生活と現状の生活に大きな乖離がある場合は、成功体験を積み重ねていける程度に目標をスモールステップに刻んでいく。小さな課題達成の喜びを共有していくことで信頼関係の向上にもつながっていくであろう。

　身体機能面や日常生活動作の目標以外の、活動・参加面での目標

表4．生活期のリハ目標（参考）

大項目	小項目
セルフケア	入浴、排せつ、整容、飲食、更衣など
コミュニティライフ	余暇活動、社会交流など
運動／移動	屋内外の移動、手の使用、起居など
対人関係	家族や友人との交流など
主要な生活領域	仕事、金銭管理など
コミュニケーション	電話など

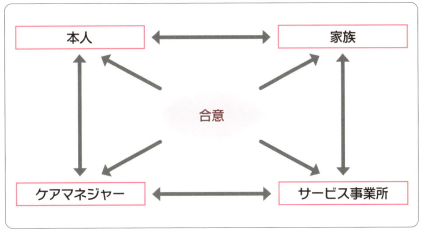

図8. 四方よしの合意形成

のイメージが湧かないという読者もいると思う。ICFの活動と参加の項目を参考にしてもらえばよいと思うが、そこから生活期リハビリテーションの目標に合致しそうな項目を**表4**に掲載する。生活期のリハビリテーションの主要な目標は生活機能の向上であり、当事者との目標の共有作業の際には参考にしてほしい。

　介護保険下のリハビリテーションの場合に忘れてはならないのが、ご家族とケアマネジャーの存在である。冒頭では対象者とセラピストとの双方の合意形成と述べたが、対象者というのはご本人のみでなくご家族やケアマネジャーでもありうる。故に実際にはご本人・ご家族・ケアマネジャー・セラピスト間の四方よしの合意形成である（**図8**）。

　医療依存度の高い方であれば医師や看護師等の声も重視しなくてはいけない。それぞれの立場からそれぞれの主張があると思うが、関わる全ての人たちの主張を総合的に判断して合意に至らなくては

いけない。

　これはすなわち課題の重要性から重みづけを行い優先順位をつけるということである。関わるすべての人たちの間で、「あなたもOK、私もOK」となるように、個々がアサーティブ（前向き）な態度で話し合いに臨むことが重要である。

　ところでセラピストはケアプランに沿ったリハビリテーション計画を作成しなくてはならない。逆に言えば、対象者とセラピストの間で合意した内容でケアプランに載っていないものがあれば、ケアマネジャーに提案し、ケアプランに反映してもらわなくてはいけないということである。ケアプランを軽視するセラピストも散見されるが、必ずケアプランには目を通さなくてはならない。

5 寄り添うタイミング・方法

　生活は科学のみで規定されているわけではなく、むしろこれまでその方が家族や友人、知人等と一緒に紡ぎあげてきた歴史や価値観から成り立つものであり、極めてものがたり的なものである。
　故に医学的に正しい判断が必ずしもその方の意に則しているとは限らない。これまで紡ぎあげてきた歴史や価値観を顧みずに医学的な正論を主張するのは、医療者側が考える対象者のあるべき姿を押し付けているだけである。

　これまでの経験や価値観から自己分析をして導き出した自身との向き合い方が、おそらく「本人の思い」と呼ばれるものであり、それらを理解し尊重しようという周囲の言動が「本人に寄り添う」とい

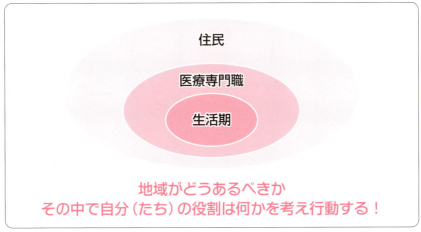

図9. 私たちも住民である！

うことであろう。

　図4の「セラピストの視点と当事者の視点」に示したように、本人がどのように自身の潜在能力を評価し、この先どのように生きていこうとしているのか、そのためにどのようなことを周囲に求めているのか、まずは専門職としての鎧（よろい）を脱いで、広く何でも受け入れようという姿勢が必要である（図9）。

　セラピストの見立てとは食い違うことも多いであろうが、在宅はまさにその方にとってのホームである。これまでご本人やご家族が紡いできたものがたりを尊重し、科学的な真理とものがたりの折り合いをつけていく許容力が必要である。時にはそれは話を聞くだけ、傍にいるだけ、ということしかできないかもしれない。

　様々なライフイベントの中で起こる感情の変化、生活の変化を当事者目線で理解しようと努め、その上でその方にとって最善と思われる自分にできる精一杯のことをすることが、在宅セラピストとし

ての醍醐味と難しさと言えるだろう。ケアマネジメントは多分に文系文化なのである。

つなげる・手放すタイミング

　リハビリテーションという言葉が理念としてだけでなく「リハビリする」などのように手段として用いられ始めてしまっているため、「リハビリテーションにゴールはあるのか？」という問いはいささか紛らわしい要素を含んでいる。

　リハビリテーションを自己実現という観点からみれば、リハビリテーションにおそらくゴールはない。

　だが医療保険・介護保険下のリハビリテーションという観点ではリハビリテーションにゴールはなくてはならない。
　病院におけるリハビリテーションは算定日数が設けられ久しい。
　近年では退院以降は介護保険へ円滑につなぐよう整えられつつあるが、生活期の医療保険・介護保険下のリハビリテーションにおいては今のところ算定日数による制限は設けられていない。

　介護保険事業所の経営者の視点からすれば安定した顧客を長期間抱えれば経営的には安定につながるが、それは長期的には対象者が訓練人生に陥ってしまうリスクや事業所の新陳代謝（ここでは新しい知識や技術に触れる機会や新規利用者を受け入れる機会と捉えてほしい）が鈍るリスクと隣り合わせであるし、何より社会的には「漫然としたリハビリテーション」が行われ社会保障費を食いつぶして

いると評価され、業界全体としての信用を失うリスクも抱えている。

　一方で、期間ありきで終了してしまう介入の仕方も事業者側の都合であり、当事者本位とは言い難いのではないだろうか。
　事業所側は他の資源につないだつもりでも、当事者には不安しか残らず、結局他の事業所が介入することになったという話もよく耳にする。しっかりとつなぎとめるためには、つなぐ先をセラピストが調査し、しっかりと把握しておく必要がある。どのような人がいるか、どのような活動を行っているのか等、ケアマネジャーから情報収集をするだけでなく、できれば自分の目でも確かめておきたい。そのフットワークの軽さはきっと対象者や他職種からも評価されるはずである。

　対象者は先行きの見えない漠然とした不安を抱えていることが多い。そのような中で、誰しもがお守りや保険は支払うだけの対価があれば、ないよりはあったほうがよいと思うのは当然の心情であろう。私たちがいつまでも隣にいられる人ではないことは対象者に適宜さりげなく伝え、それでいながら必要になった時にはいつでもまたアクセスできるよう本人・家族・ケアマネジャー、つないだ先とはつながっておく距離感を持つことが重要であろう。

　実際のところ、訪問事業所がつないでいる先は現状としては通所事業所であることが多いと思われる。通所事業所へつなぐことは社会復帰の第一歩であることに違いはないが、公的なサービスのみで固めてしまうと、それまでその方が育んできた地域のネットワークをかえって遮断してしまうこともある。

対象者の真の自己実現のためには、その方を取り巻く地域のインフォーマル資源を掘り起こしてつないでいくことが重要であり、そこにアプローチしていけるかどうかが地域で働くセラピストの今後の大きな命題となっている（**図10、11**）。

図10. 活動と参加につなげる卒業のためには、まずは地域資源を知ることから！

「地域」とは？

単に「行政区画」という意味でなく、日常生活圏域、生活領域と捉える

コミュニティ（共同体）

地縁型コミュニティ…町内会、婦人会、子供会等
テーマ型コミュニティ…市民活動団体、NPO等

共同性のキーワード： **意識と行動**

図11. つなぐイメージ

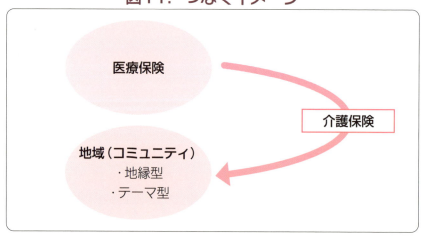

アセスメントの仕方（している動作・活動をどうみるか）

　ある程度経験を積んだセラピストは対象者の生活の予後が大体わかるようになる、と言われている。果たしてこれはどういうことか。また、対象者の何をみて生活の予後を推測しているのであろうか。急性期や回復期のリハビリテーションでは、入棟時のFIM等のスコアから退院時のスコアを予測するような研究報告をしばしば見かける。

　しかし、生活期においてはまだそのような研究はほとんど目にしたことがない。理由はいくつかあると思うが、生活期の在宅生活に

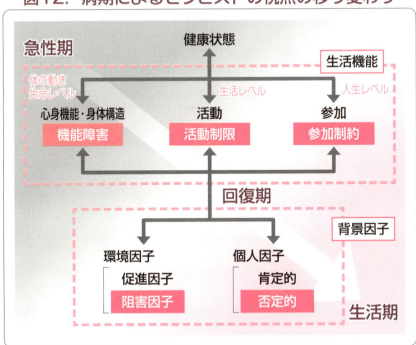

図12. 病期によるセラピストの視点の移り変わり

おいては個人因子や環境因子が複雑に関与しており、個別性が高いということが最も大きな原因であろう(**図12**)。

多様な生活全般をリハビリテーションの視点から単独の評価バッテリーで測るということは難しいことである。対象者の全体像を把握するのに国際生活機能分類(ICF)が活用されることが多いが、ICFではその対象者が自分自身の現状をどのように受け止め、今後どのように生きていきたいのかという主観的な人生観の評価までは行えない(そういうものは個人因子に入れるのであろうが)。

日本作業療法士会が推奨している生活行為向上マネジメントがベースになった通所リハビリテーション・訪問リハビリテーションのアセスメントシート(**図13-1.2.3.4**)は、ケアプランとICF項目に沿ってひととおりの情報を一枚のシートに収めることができるようになっている。
その点では生活期のリハビリテーションを遂行する上での総合的なアセスメントシートが登場したと言えるのかもしれない。

ただしこれは、あくまでスクリーニングシートと捉えるべきである。例えば運動機能障害[あり・なし]のチェックやADLの点数を入れただけでは対象者の生活の予後予測を行う根拠としては頼りない。

有能なセラピストは、まず対象者のできる動作としている動作の質をセラピストの目線でしっかりと評価した上で、対象者が将来的にできそうな動作を予測しているのである。
そして、できそうな動作と個人因子・環境因子・健康状態からで

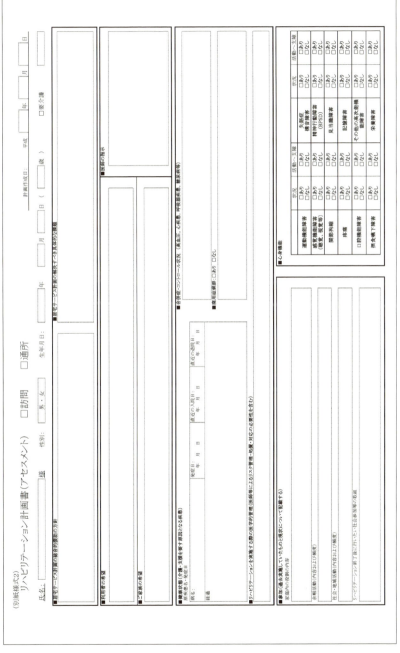

図13-1. 通所・訪問リハビリテーション計画書（1）

第3章 訪問リハビリテーションのプロセス

きそうな生活を予測し、対象者自身の今後どのように生きたいかという思いとのマッチングを図り、いくつかの生活の予後のパターンを想定しているのである。

　この項では動作の質の評価という点に焦点を当ててみることにする。在宅における動作の質の評価は、成書や論文から得る知識もあるだろうが、現状としてはおそらくそのセラピストの経験知によるところが大きいと言わざるを得ない。
　同じ人の立ち上がり動作でも、経験知によって読み取る情報量と他の活動への展開力が違うということである。
　一昔前なら一人のセラピストが一人の対象者の発症から終末期までに関わるということが通常であり、そのような一連の過程を通して経験知を蓄えることができた。

　しかし病院の機能分化が進む中、リハビリテーションも疾患、ステージごとの細分化やバトン中継を前提としたチームアプローチへと流れが変わってきている。そのような中で、一人のセラピストが一人の対象者と関われる期間は限定的になってきており、対象者の生活をフォローし続け経験知を積むということは難しくなってきている。
　またセラピストと対象者との信頼関係が築かれないうちは、対象者はいつも以上のパフォーマンスを発揮することがあり、普段の実行状況とは異なっている場合も度々ある。セラピストはこのような現状があるということをしっかりと自覚した上で、評価にあたらなくてはならない。

　できる動作の質を評価するとはすなわち対象者の予備動作能力を

図13-2. 通所・訪問リハビリテーション計画書(2)

■活動(※課題重要性は、「現状」と「改善の可能性」から取り上げる課題の優先順位をつける。)

	アセスメント項目	現状	改善の可能性	課題重要性	モニタリング	【評価の内容の記載方法】
基本的動作	起き上がり					3 自立　2 見守り 1一部介助　0 全介助 9把握していない
	立位保持					
	床からの立ち上がり					
	移動能力(TUG、6分間歩行)					※時間を記載
他	服薬管理					3自立　2見守り　1一部介助　0全介助
	HDS-R					※点数を記載
ADL	食事					10 自立　5 部分介助　0 全介助
	イスとベッド間の移乗					15 自立　10 最低限の介助 5 部分介助　0 全介助
	整容					5 自立　0部分・全介助
	トイレ動作					10 自立　5 部分介助　0 全介助
	入浴					5 部分介助　0 全介助
	平地歩行					10 自立　5 部分介助　0 全介助
	階段昇降					10 自立　5 部分介助　0 全介助
	更衣					10 自立　5 部分介助　0 全介助
	排便コントロール					10 自立　5 部分介助　0 全介助
	排尿コントロール					10 自立　5 部分介助　0 全介助
	ADL合計					

	アセスメント項目	現状	改善の可能性	課題重要性	モニタリング	【評価の内容の記載方法】
IADL	食事の用意					※IADL評価点 0 していない 1 まれに 2 時々 3 週3回
	食事の片付け					
	洗濯					
	掃除や整頓					
	力仕事					
	買物					
	外出					
	屋外歩行					
	趣味					
	交通手段の利用					
	旅行					
	庭仕事					0 していない　1 時々 2 定期的　3 植替等
	家や車の手入れ					0 していない　1 電球取替等 2 ペンキ塗等　3 修理・整備
	読書					0 していない　1 まれに 2 月一回程　3 月二回程
	仕事					0 していない　1 週1〜9時間 2 週10〜25時間　3 週30時間以上
	I A D L 合計					

■環境因子(※課題ありの場合☑。)

	課題	備考
家族・介護者	□	
福祉用具等	□	
住環境	□	
自宅周辺	□	
地域への社会参加等	□	
交通機関	□	
サービス	□	
その他	□	

※ADLは「している」状況について記載する。IADLも同様。

■特記事項

■活動と参加に影響を及ぼす課題の要因分析

■他の利用サービス
□通所介護(週　回)　□訪問介護(週　回)　□訪問リハ・通所リハ(週　回)　□訪問看護(週　回)　□その他(　　　)

■　社会参加支援評価　□訪問日(　年　月　日)　□居宅サービス計画(訪問しない理由:　　　)
□サービス等利用あり　□通所介護(週　回)　□通所リハ(週　回)　□市町村事業(週　回)　□地域活動へ参加(　　　)　□家庭で役割あり

■現在の生活状況

評価しているということであるが、ここでは次の5つの動作の質の評価について言及したい。

①立位保持
②立ち座り
③端座位
④リーチ動作
⑤方向転換

　これらの動作におけるチェックポイントと、これらの動作から何を読み解くのかを解説する。

　まず5つの動作に共通しているチェックポイントは、動作の静的安定性、動的安定性、スピード、支持物の位置と使い方、心肺機能を含めた耐久性、痛みが出現する姿勢の有無と部位、指示した動作の内容を理解しているかである。

　あくまで動作の質を評価することに意義があり、単純に[自立・一部介助・全介助]のようにできるかどうかだけをチェックするだけでは専門性のある評価とは言い難い。

　個別の項目ごとの留意点も以下に挙げる。

①立位保持は移乗、排泄の準備動作、歩行や屋外活動での場面を主にイメージし、活動の展開に応用する。特に排泄の準備動作では立位保持がどれくらいできるかは介護者の介護負担の観点からは大きな問題である。また、家事動作や趣味活動においてはどのようにどれくらい立っていられるかでとるべき戦略が変わってくる。膝折れや特定の関節への過剰な荷重は将来的に転倒や痛みの発生につながりやすい。

②立ち座りは座面の高さや性状、軟接地しているか、重心の移動方

第3章 訪問リハビリテーションのプロセス

図13-3. 通所・訪問リハビリテーション計画書（1）

（別紙様式3）

利用者氏名　　　　　　　殿　　　　　リハビリテーション計画書　　□訪問　□通所　　作成年月日（No.　　）年　月　日

□リハビリテーションマネジメントⅠ　□リハビリテーションマネジメントⅡ　　訪問・通所頻度（　　）利用時間（　　）見直し予定時期　～　月　頃　□送迎なし

No.	目標（解決すべき課題）リハビリテーションサービス	期間	具体的支援内容（何を目的に（のために）〜をする）	頻度	時間	訪問の必要性
■			□短期集中（個別）リハ □生活行為向上リハ □認知症短期集中リハⅠ・Ⅱ □理学療法 □作業療法 □言語聴覚療法 □その他（　　）			いつ頃
			□短期集中（個別）リハ □生活行為向上リハ □認知症短期集中リハⅠ・Ⅱ □理学療法 □作業療法 □言語聴覚療法 □その他（　　）			いつ頃
			□短期集中（個別）リハ □生活行為向上リハ □認知症短期集中リハⅠ・Ⅱ □理学療法 □作業療法 □言語聴覚療法 □その他（　　）			いつ頃
			□短期集中（個別）リハ □生活行為向上リハ □認知症短期集中リハⅠ・Ⅱ □理学療法 □作業療法 □言語聴覚療法 □その他（　　）			いつ頃
			□短期集中（個別）リハ □生活行為向上リハ □認知症短期集中リハⅠ・Ⅱ □理学療法 □作業療法 □言語聴覚療法 □その他（　　）			いつ頃
				適合計時間		

法についてを主に評価する。移乗能力に直結し、座り損ないやずり落ちは転倒や転落の原因となる。移乗は最も本人のこだわりが表れやすい動作の一つであると思われる。そのようなこだわりや動作のパターンから本人のキャラが見えてくることもあるだろう。

③端座位は起き上がり動作と一緒に評価することが望ましい。端座位の質によって日中の活動量や生活の質が大きく異なる。また、食事、排泄、外出、趣味活動などは、どの程度上肢をフリーに使えるかにより、自立度が大きく異なる。もし端座位ができなければ椅子座位、車いす座位などで同様の評価を行う。

④リーチ動作により、日常生活を営む上でのバランス能力を推測する。日常生活上の立位での活動にはリーチ動作が必須であり、整容、家事、買い物等の活動の展開へとつなげることができる。床に落ちた物を拾おうとして転倒する方も多く、転倒リスクの把握にも活用できる。

⑤方向転換をするということは、何らかの移動手段を有しているということである。方向転換を評価する最も大きな意義は、ふらつきによる転倒のリスクの判定である。立ち座り、歩行、方向転換の要素が取り入れられているTimed Up & Goテストは転倒の予測スケールとしてよく用いられている。また、右回りと左回りではどちらが得意なのかを把握しておけば、生活動線や支持物の位置の検討の参考にもできる。以上の5つの動作の質をみて、生活環境や個人因子も勘案したうえで「している動作」と「できる動作」の乖離を評価し、「する動作」をご本人に提案していこう。

図13-4. 通所・訪問リハビリテーション計画書（2）

■サービス提供中の具体的対応 ※訪問リハビリテーションで活用する場合は下記の記載は不要。

	（　）	（　）	（　）	（　）	（　）	（　）	（　）	（　）	（　）
	開始～1時間	1時間～2時間	2時間～3時間	3時間～4時間	4時間～5時間	5時間～6時間	6時間～7時間	7時間～8時間	～（　）
利用者									
看護職									
介護職									
PT									
OT									
ST									
その他（　）									
必要なケアとその方法									

□訪問介護の担当者と共有すべき事項	□訪問看護の担当者と共有すべき事項	□その他、共有すべき事項（　）

※下記の☑の支援機関にこの計画書を共有し、チームで支援をしていきます。
【情報提供先】□介護支援専門員　□医師　□通所介護　□（　）　□（　）

利用者・ご家族への説明：　平成＿＿年＿＿月＿＿日

利用者サイン：＿＿＿＿　ご家族サイン：＿＿＿＿　医師サイン：＿＿＿＿

※なお当該計画の様式をもってリハビリテーション計画とするときは利用者の同意を得るよう留意すること

訪問看護師のコラム②

本人は歩きたい、セラピストは無理

　Mさんは70歳代の男性。小脳変性症で最近室内での転倒を繰り返しています。看護とリハビリで介入することになりました。
　看護師が訪問した時、「歩く練習がしたいのにリハビリしてくれないんだよ」と新人Aさんへの不満の声が。
　Aさんに聞いたところ、「転倒の危険があるのに歩行練習なんて意味ないですよね」と言います。
　「本人の思いに寄り添って、本人が納得できるようにできないの？」と言っても「無理です。無理です」と、話し合いもできません。結局ベテランのセラピストに代わって訪問してもらうことになりました。

　看護師の私には新人セラピストに在宅でのリハビリを伝えることができませんでした。
　ベテランセラピストに相談できてよかった……。

（藤原 祐子）

第4章

失敗の理由、解決のポイント

小堺 武士
尾崎 弘人

1 「今のままでよい」と言う利用者さん

(極意その1「人に関心を持て〈生き様や価値観〉」に対応)

新人A「最近受け持つことになった利用者さんなんですが、困っていることや目標を聞いても、今の生活のままで良いと言うんです。軽い脳梗塞という情報はもらいましたが、それ以上の医学的情報もなくて……いちおう屋内でのADLはひととおりできているので、この先どのようにリハビリをして良いかわかりません。とりあえず、臥位で行うリハビリをしています。こんなリハビリ意欲が低い方には何をすればいいんですか？」

先輩セラピスト「その方は、これまでどんな生活をしていたんだい？」

新人A「えっと……ここ数年はずっと一人暮らしだったようです。親族は遠方におられるようです」

先輩セラピスト「では食事や買い物はどうしているのだろう？」

新人A「ヘルパーさんが安否確認も兼ねて毎日訪問していて……確か買い物と掃除をしてくれているはずです」

先輩セラピスト「では、調理はご自身でやっているのだろうか？」

新人A「そうですねぇ……気がつかなかったです。今度確認してみます」

先輩セラピスト「あなた自身がその方になったつもりで、一日・一週間をどう過ごしているのか想像してみてはどうだい？　ところでその方、これまで何か趣味とかあったのかな？」

新人A「生活を想像……ですか。わかりました、やってみます。趣味については……わかりません。あっ、でも玄関にお花が活けてあったのでお花は好きなのかもしれません。それも今度聞いてみます！」

先輩セラピスト「質問攻めになって尋問みたいにならないよう気をつけて。その方、『このままでよい』と仰っているようだけど、何も好き好んで閉じこもっているわけではないだろうから、何か素敵な目標が見つかるといいね」

新人A「はい」

新人Aさんのその後の行動

　数日後に再びこの方のお宅を訪れたAさんは、これまでどのような暮らしをしていたかや、今どのように生活しているのかについてさりげなく聞いてみました。

　お花はいつも花屋さんに電話をかけて配達してもらっていること、料理は以前から好きだということ、先日は旬のタケノコが食べたくてヘルパーに買ってきてもらったが、皮むきを一人で行うのに一苦労したことなどの情報を得ることができました。

　そして情報を得ることができたことより、ご本人がとても活き活きとお花やタケノコの話をしていたことが印象的だったとAさんは先輩セラピストに報告しました。このときを境にAさんとこの方との間には会話の量が増え、「近くの公園に行って花が見たい」、「その時その時の旬の食材を使って料理を作りたい」、「できれば自分で買い物に行って食材を選びたい」などの発言が飛び出してくるようになりました。

解説

　医学的情報からリスク管理をすることは言うまでもなく重要なことだが、その方がこれまで暮らしてきた生活歴や好み、価値観など背景因子を知ることは生活機能を評価することと同等かそれ以上に大事なことである。

何気ない会話をただの雑談としてしまうのか、貴重な情報として捉えるのかはあなたのセンス次第。お花が好きという方が、実はお花自体よりもお花を購入したり活けたりすることによって得られる対人コミュニケーションを求めているのかもしれない。

　料理が好きという方が、料理をすることによって家族を支えている役割を実感しているのかもしれない。ただのルーチン業務として興味・関心を探るのではなく、その活動はその方にとってどういう意味があるのかを観察や会話を通じて深めていくスキルを磨くこと。対象となる方の生き方を尊重し、人生の先輩から学ぼうという心がけを持っていれば、きっと自然にできるようになる。

　ところで近年、「リハビリ」という言葉はとても曖昧な使われ方をしていると思いませんか？　理学療法士・作業療法士・言語聴覚士の資格を持っている方であれば養成校で一度は「リハビリテーション」という言葉の意味について習ったはず。
　あなた自身、「機能訓練」、「リハビリ」、「リハビリテーション」、「理学療法」、「作業療法」、「言語聴覚療法」という言葉を区別して使用できているだろうか？「さぁ、リハビリしましょう」、「いいリハビリになりますね」なんてあなた自身が何気なく言っていないであろうか？

　「リハビリしましょう」と言われてどのような行為をイメージするでしょうか。つらい機能訓練を思い浮かべる人も少なくはないはず。またある人は単にマッサージをイメージするかもしれない。
　対象者や家族が「リハビリ＝機能訓練」と捉えている場合、生活や介護の状況について尋ねても「そんなこと何であんたに言わなきゃ

第4章　失敗の理由、解決のポイント

図14. リハビリテーションの解釈
〜あなた自身、どうとらえていますか？〜

- ●「リハビリする」、「いいリハビリになる」
- ●マッサージ、リハビリマッサージ
- ●機能訓練
- ●運動療法
- ●理学療法、作業療法、言語聴覚療法
- ●体操する
- ●リハビリテーション看護
- ●リハビリテーション医学
- ●リハビリテーション医療
- ●リハビリテーション理学療法？
- ●リハ職とは？？

✓ 対象者はお客様？　患者様？　利用者さん？　クライエント？
✓ 「リハビリテーション」が対象者や社会にどう認知されているか。また自分自身がどう解釈しているか

いけないんだ!?」と憤慨されることもある。
　リハビリ(セラピスト)には機能訓練を求めているのだから、機能訓練だけしてくれればよい、ということ。このイメージが変わらない限り、私たちは在宅での機能訓練のみを求められ、日常の生活行為からはドンドン切り離されていってしまうことになる。

　退院直後やADLの急性増悪期に短期集中的に機能訓練を行うことはあるであろうが、求められる機能訓練だけを何年も行うことはゴールを見失いやすく、また今の日本においては、社会保障費抑制の観点からは「漫然としたリハビリテーションの提供」と非難されてしまう。

私たちセラピストは何ができる存在なのか、在宅でのリハビリテーションとは何なのかを対象者や家族に理解していただくには、まずは自分自身がリハビリテーションをどう認識しているか問うことから始めよう(**図14**)。普段の対象者との会話の中にあなたの価値観や人格が落とし込まれてくる。経験的には、私たちがどういうことができる存在なのか対象者に初めて会う際に説明することが重要である。

2 能力的にはできる動作なんですが
(極意その2「いつもどおりを見よ」に対応)

新人A「担当しているBさんのケアマネジャーさんから電話がかかってきて、トイレでの排泄について相談を受けたんです。訓練時には掴まれば自力で立てているので、普段ヘルパーさんがトイレ介助するときには、パンツの上げ下ろしくらいしか手伝わないように以前からお願いしていたんです。でも、どうやら、それがヘルパーさんの反感を買ったみたいで…。なんでも、私がお伝えした排泄介助方法だと時間がかかり過ぎると言うんです。それで、早く排泄介助を済ませるために全介助に近い方法でやっているみたいなんですよ。これじゃあいつまでたっても上達しないし、本人も甘える一方なんじゃないかと思うんです。どうしたらいいんでしょう？」

先輩セラピスト「そう、Aさんは、ヘルパーさんが排泄介助を行う場面を直接見たことはあるかい？」

新人A「いえ、直接見たことはありません。でもご本人には排泄の状況について何度か聞いています。多少時間がかかってしまうけれどできていると言っていました」

先輩セラピスト「本人からの聴取と立ち上がりの能力で判断しているというわけだね。あなた自身でトイレ動作を確認したことはある？」

新人A「この方のお宅のトイレは、すでに住宅改修済みでトイレに手すりがあるんです。前に一度トイレ内での動作を確認したことがあって、そのときは声をかけて上手く誘導すれば一人で移乗できていました。立位保持も掴まれば30秒くらいならできるんです」

先輩セラピスト「一度ヘルパーさんの訪問時間に合わせてお邪魔して、普段はどのようにやっているのか見てみてはどうだい？」

新人A「あ、そんなことしていいんですね。わかりました。でもなんだか緊張しますね」

先輩セラピスト「先にヘルパーさんの事業所に電話してから伺いなさい」

新人A「はい、やってみます！」

> **新人Aさんのその後の行動**

　後日、新人Aさんはヘルパーさんの訪問時間に合わせてBさんのお宅へ伺いました。

　朝のヘルパーさんは限られた時間の中で排泄介助、更衣、食事介助、モーニングケアを順々に行っていきました。その手つきはテキパキとしており、Aさんはその所作が美しいとさえ感じました。

　Aさんが問題の排泄動作についてヘルパーさんに尋ねてみると、返答はこうでした。

　「以前Aさんが指導したやり方で行ってみたところ、朝の排泄動作でご本人はかなり疲労してしまい、その後の更衣・食事・モーニングケアの介助量が増えてしまいました。また、朝の排泄は安楽に行いたいというご本人の希望も強く、気持ちよく一日をスタートしていただくために移乗やズボンの上げ下げの介助を行っています……」と。

　新人Aさんはどこか心の中で「ヘルパーさんの介護スキルが低くてこのような事態になっている。しっかりと指導してこなくては」と思っていたことがとても恥ずかしくなり、反省しました。

　このときの反省をきっかけに、Aさんはヘルパーさんとも情報交換をするように努めました。ヘルパーさんとの関係が徐々にできていくに従い、排泄の介助方法についても見直しを行っていくことができました。結局、朝は時間短縮と本人の負担軽減を重視して、全介助にて排泄動作を行いますが、昼と夕方の排泄介助は時間が多少

かかってもズボンの上げ下ろしのみを介助する程度にするという方針を、本人・ヘルパー・ケアマネジャー・Aさんの間で共有することができました。

> **解説**

　訪問の現場で、セラピストは誰に何を提供しているのであろうか。

　訪問リハビリテーションの対象者に対して訪問時間中の機能訓練や生活動作指導のみを提供しようという意識だと、普段の様子が見えてこない。

　暮らしぶりや介護状況に関心が向かないのです。介護保険での訪問は、何曜日の何時からと週間予定を決めて介入することが多いため、対象者とは特定の時間にしか直接の関わりを持つことができない。

　パーキンソン病やリウマチなど、疾患によってはある時間にでき

ている動作が、別の時間には全くできないということもある。また、普段問題なくできている動作であっても、便秘や睡眠不足などが引き金になって失敗してしまうこともある。

　一方で、家族や友人等の関わりを垣間見れる機会が、訪問業務では病院や通所事業所での業務に比べて圧倒的に多い。普段の動作の実行状況を知りたいと思ったら、毎回ルーチンなプログラムを行うのではなく、その時その時の状況に応じたプログラムや評価に変化させていく柔軟性がセラピストには求められる。
　臨機応変な対応ができるようになるには想像力とある程度の経験値が必要であると思うが、少なくとも毎度訪問する度に前回と同じプログラムをとりあえず行って帰る、というサイクルにならないよう、意識することから始めてみればよいのではないだろうか。

　また、普段の様子をより多面的に評価しようと思ったなら、本人に対するアプローチのみでなく、主介護者をはじめとする家族やヘルパーさん、訪問看護師等からも積極的に情報を収集するよう意識的にこちらから動いていく必要がある。
　そして介護者や関わっている他職種の介助方法をコーディネートしていくのもセラピストの重要な業務であると考える。この際に重要なのは、他事業所の他職種と気軽に電話ができる関係かどうかということである。
　自分の所属する事業所内のスタッフで、事例について相談したり事例検討会を行うことは必須の作業である。だが、それだけでは限られた情報量と限られた職種の中での判断となり、埒が明かないことも多い。それよりも医師やケアマネジャー、ヘルパーなどに率直に相談したほうが確実な情報を得られる場合も多く、より的確な判

断をすることができる。

　普段の「している動作」と「できる動作」の乖離を評価することは、その方の生活機能の予後や目標設定に重要である。生活機能の予後予測とは、ポテンシャル（潜在能力）と期間の評価ではないだろうか。

　基礎疾患の進行度合いや病期を加味する必要はあるが、病状が安定している方であれば、その方の「できる動作」×「環境」を考えることにより最大限の活動・参加の可能性を想定できる。セラピストが生活機能の予後を予測する際にどれくらい先のことを想定しているかであるが、筆者が行ったインタビュー調査では、比較的目先のことに取り組み、それほど遠くのことは考えていない（見えない）ようである。

　小さな課題を一つずつクリアしていくほうが対象者・セラピストともわかりやすいのであろう。小さなステップを踏んでいて、気づけば遠くにきたもんだという結果になるケースも多いようだが、小さなステップを踏みながら、最終的にどういった状態を目指すのかを想定できるかどうかがセラピストの実力といえるであろう。

　現状では環境面や期間の評価は経験知によるところが大きいと言わざるを得ない。「している動作」と「できる動作」の乖離を見極め、「する動作」を対象者・ご家族・関わっている他職種とともに決めていこう。

3 できることを知ってもらいたい
(極意その3「できることに気づかせよ」に対応)

新人A「片麻痺の程度は軽度なんですが、車イス生活を送っていて外に出ずに閉じこもりがちな利用者さんがいるんです。どうして車イスを使ってるのか疑問に思ったので理由を尋ねてみたら、歩ければ歩きたいけど歩くのが怖くて怖くてダメなんだとおっしゃってました。歩きたい想いはあるけど、転倒に対して恐怖心が強いようなんです。歩ける能力はあるはずなのに、どうしたら恐怖心を取り除けるのでしょう？」

先輩セラピスト「Aさんとしては歩ける見込みがあると判断してるってことだけど、ご本人にはAさんが評価した内容や今後の見立てはもう話しているの？」

新人A「いえ、まだはっきりとは話していなくって」

先輩セラピスト「そうしたら、まずはAさんの見立てをご本人やご家族にわかりやすく伝えてみることから始めてみたらどうだろう。きっとご本人はどこまでできるのか全くわからなくて、わからないから怖いんじゃないのかなぁ」

新人A「なるほどぉ、わからないから怖さが出てくるのかぁ…。早

速、次回訪問した時に話してみたいと思います」

先輩セラピスト「そうだね。できるからといってこちらのペースで一気に進めるんじゃなくて、ご本人の表情や言動にも注意して事前に説明しながら恐怖心が増さないよう徐々にトレーニングの難易度を調節していく方がいいと思うよ。まずは居室内のトレーニングから始めて、徐々に範囲を拡げていって自宅内や屋外の練習につなげていくっていう感じでね。できることを実感してもらうと、ご本人の安心感や自信につながっていって恐怖心もなくなっていくんじゃないかな」

新人A「わかりました。恐怖心が強まらないようにご本人の様子を伺いながら、できることを実感してもらおうと思います。安心感を与えるような声かけも大事ですね」

先輩セラピスト「そうだね。じゃあ、よろしくね」

新人Aさんのその後の行動

　Aさんは、自分の今後の見立てや徐々にできることを確認しながら、恐怖心を取り除いていって車イスを使わないような生活に向けてトレーニングをしていく、という方針を説明して合意を得ることができました。

　身体状況としては、軽く脇を支える程度の介助で杖歩行が可能なレベルであり、すぐにでも杖歩行練習を行える状態ではあったものの、Aさんは恐怖心がより強くなってしまうことを懸念して、まずは杖ではなく、難易度が低く、それでいて達成感が味わいやすいように家の手すりに掴まって廊下を少しずつ歩く練習からはじめてみ

ました。

　最初は数歩歩くだけでも「怖い怖い」と言っていたが、「大丈夫！絶対に転ばないようにしてますからね」と声掛けしながら、歩行練習を繰り返していきました。そうしていくうちに徐々に自信がついてきたのか「怖い」と言う回数も少なくなっていき、ご本人様から「私って歩けるんだね！」という発言も聞かれるようになっていきました。

　Aさんは次のステップとして杖での廊下歩行を行い、屋外歩行練習や車いす卒業に向けご本人と一緒にトレーニングを続けていっています。

解説

　できることに気づいてもらうためには、まずセラピスト自身が『できることはどんなことだろう』いう視点をもち、しっかりとした

今後の予後予測（見立て）をたてることが大前提である。

　また、それをご本人やご家族の理解力に応じてわかりやすく説明し、今後のリハビリの方針について意見交換して合意を得ることが重要である。ご本人が『できる！』と実感してもらえるような場面設定だったり、トレーニングの難易度を調整するといった配慮が必要不可欠である。

　自信がなく怖がるような人は、比較的難易度の低い課題から始めていくのがよいだろう。

　その反対に、しばしば高次脳機能障害や認知症によって、現実検討や危険予測が不十分で心身機能は低下しているのに、以前と同等な運動能力が発揮できると思い込んでいる方に出会うこともある。

　そういった方については難易度を落としすぎると、「ちゃんとやれるのになんでこんな簡単な運動しなきゃならないんだ！」といって怒り出す場合がある。そういった場合には、トレーニングの必要性を話してもなかなか言語的な理解を得られない場合が多いため、安全に十分配慮したうえで、セラピストや家族としては危険に見えるが、ご本人としてはできると思っている動作を実際に行ってもらうこともよい。少し怖い思いをしてもらうことで、ご本人の中でのイメージと現実との差異を実感してもらい、できることとできないことを改めて知ってもらうことも必要である。

　いずれにせよ、ご本人が自分自身のできることやできないことを知るためには、そこに関わるセラピストがしっかりと現状を理解し予後予測を立てることが大切で、そのことが、ご本人が自分自身を知るための道しるべになっていくのである。

4 提案を受け入れてもらえないんです…
(極意その4「手持ちのカードを増やすべし」に対応)

新人A「80歳代のパーキンソン病の女性なのですが、最近、食事が摂取しにくくなってきているみたいなんです。車イスに座ったまま丸テーブルに向かって食事をするんですが、たぶん高さが合っていないんじゃないかなと思うんですよ。それでもっとテーブルを高くすればいいと思ってベッドサイドテーブルを介護保険レンタルしたんです。そしたら今度はテーブルが狭くて使いづらいって言われました。レンタルできるテーブルの広さはどれもあまり変わらなさそうだし、どうしたらいいんでしょう？」

先輩セラピスト「どのような機能を持ったテーブルなら、この方に合いそうなの？」

新人A「えーっとですね、まず丸テーブルというのがよくないんです。できればテーブルに両肘をつくことができる形と高さが必要なんです。今の丸テーブルに雑誌を重ねて試したら、あと5cmの補高が必要だと思うんですが…。レンタルがダメならどうすればいいんでしょう？」

先輩セラピスト「福祉用具カタログの中から選んで購入したりレンタルしたりすることが全てではないと思うよ。一般の家具を検討し

たり、無い物は作ろうという心意気だって、ときには必要だよ」

新人A「家具屋さんでテーブルを購入したほうがいいんですかね。でも、このご夫婦が家具屋さんに行くのって難しそうです。それに何万円もするテーブルを仮に購入したとしても、高さが合わなかったりしたときのことを考えると、とてもお勧めできないですよ」

先輩セラピスト「就労支援事業所で、木製家具などの製作をしているところがあるんだけど、そこに相談してみたらどうだい？」

新人A「そんなところがあるんですね。ぜひつないでいただけるとありがたいです」

先輩セラピスト「わかった。でも一人で勝手に動きすぎるとチームとしてトラブルにもなりやすいから、まずはケアマネジャーさんにテーブルの問題をお伝えしてみてはどうだろう？　そのうえで、自作するという手段を検討することになったら、Aさんが中心になって動くことを了承しておいてもらったほうがいいだろう」

新人A「わかりました」

> **新人Aさんのその後の行動**

　後日、結局テーブルの補高は先輩セラピストから紹介を受けた事業所に相談することとなりました。Aさんは丸テーブルのサイズ計測と写真撮影を行い木工作業担当者に伝えたところ、木工作業担当者は、それを基にすぐに図面と見積もりを作成してくれました。

　ご本人・ご主人・ケアマネジャーの三者から図面と見積もりについてのOKが出たあとは、木工担当者にもご自宅へ訪問してもらい、ショートステイに行っている間に丸テーブルの加工を行いました。テーブルの改修後は、Aさんが狙っていたとおり両肘をつくことができるようになり、食事摂取がそれまでよりもスムーズに行えるようになりました。

　座位保持姿勢もよくなり、オフ時の姿勢の崩れも少なくなりました。テーブルの改修は新しい家具を購入するよりずっと安価で、かつ納品後でも都合が悪ければ修理可能というアフターフォローもしっかりしたサービスで、ご本人・ご主人ともご満悦でした。

> **解説**

　専門家とはある特定の領域において専門的な知識と技術を有する人である。

第4章 失敗の理由、解決のポイント

図15-1. 地域ケア会議について

地域ケア会議は、高齢者個人に対する支援の充実と、それを支える社会基盤の整備とを同時に進めていく、地域包括ケアシステムの実現に向けた手法。

具体的には、地域包括支援センター等が主催し、
○医療、介護等の多職種が協働して高齢者の個別課題の解決を図るとともに、介護支援専門員の自立支援に資するケアマネジメントの実践力を高める。
○個別ケースの課題分析等を積み重ねることにより、地域に共通した課題を明確化する。
○共有された地域課題の解決に必要な資源開発や地域づくり、さらには介護保険事業計画への反映などの政策形成につなげる。

地域包括支援センターでの開催（困難事例等）の支援を通じた

○多職種の協働による個別ケース（困難事例等）の支援を通じた
①地域支援ネットワークの構築
②高齢者の自立支援に資するケアマネジメント支援
③地域課題の把握
などを行う。

《主な構成員》
自治体職員、包括職員、ケアマネジャー、介護事業者、民生委員、OT、PT、ST、医師、歯科医師、薬剤師、看護師、管理栄養士、歯科衛生士、その他必要に応じて参加
※直接サービス提供に当たらない専門職種も参加

→ 地域課題の把握
→ 地域づくり・資源開発
→ 政策形成 介護保険事業計画等への位置づけなど

市町村での開催（地域課題を解決するための社会基盤の整備）

あたり前のことであるが理学療法士は理学療法の、作業療法士は作業療法の、言語聴覚士は言語聴覚療法の専門家である。
　しかし専門家であるが故に、あなた自身の心の中に、ご本人・ご家族の前や担当者会議などの場で「専門家として何か専門家っぽいことをしなくてはいけない気負い」はないだろうか？　自分自身が考える専門性の内側に閉じこもっていると、自分の持っている知識体系の外側にある課題に気づく（もしくは教えてもらう）機会を失ってしまう。

　上記で紹介したケースでは、食事時の姿勢保持についてAさんは福祉用具カタログを用いたベッドサイドテーブルの提案しかできなかった。フォーマルな資源を使うことしかAさんは考えていなかったのだろう。職場の先輩セラピストに相談し、幸いその先輩セラピストがテーブルの補高作業を知人にお願いする、という手段を提案してくれたため上手くいった。

　訪問業務に携わっていると、自分の所属している法人外の他職種や地域の方と関わる機会が増えるが、その際に関わる他職種の人柄や事業所の特色などを知っていると、リハビリテーションの対象者さんに還元できることが多く、提案の幅も広がることを実感できる。
　日ごろ私たちセラピストが行っているアプローチは、以下の3つに大別できる。
　すなわち、
①**ご本人の心身へのアプローチ**
②**物的代償アプローチ**
③**人的代償アプローチ**

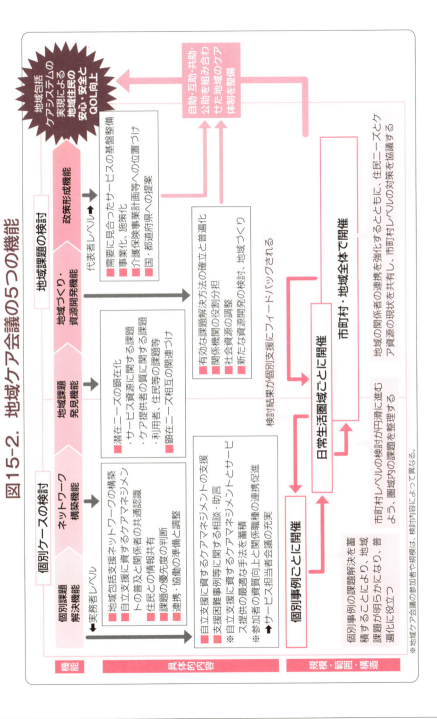

図15-2. 地域ケア会議の5つの機能

第4章 失敗の理由、解決のポイント

図15-3.「地域ケア会議」を活用した個別課題解決から地域包括ケアシステム実現までのイメージ

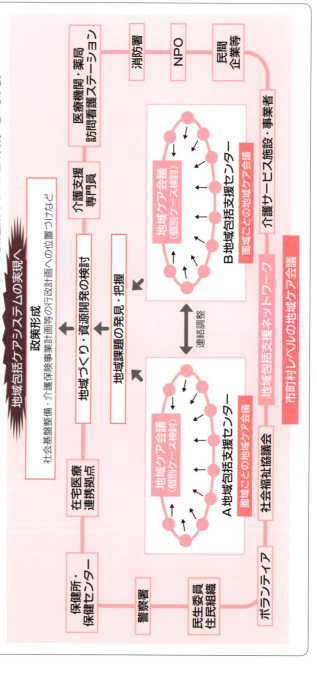

○地域包括支援センター又は市町村は、多職種協働による個別ケースのケアマネジメント支援のための実務者レベルの地域ケア会議を開催するとともに、必要に応じて、そこで蓄積された地域課題を関係者と共有するための地域ケア会議を開催する。
○市町村は、地域包括支援センター等で把握した有効な支援方法を普遍化し、地域課題を解決していくために、代表者レベルの地域ケア会議を開催する。ここでは、需要に見合ったサービス資源の開発を行うとともに、保健・医療・福祉等の専門機関や住民組織・民間企業等によるネットワークを連結させて、地域包括ケアの社会基盤整備を行う。
○市町村は、これらを社会資源として介護保険事業計画に位置づけ、PDCAサイクルによって地域包括ケアシステムの実現へとつなげる。

である。

　理学療法士ならおそらく「①ご本人の心身へのアプローチ」のうち、身体へのアプローチが得意な人が多いはずだ。だが、生活期におけるリハビリテーションにおいて、身体のアプローチだけでは不十分ということは、訪問を開始すればすぐに感じる方が多いはずである。

　身体へのアプローチ方法をいくつも提案することは結構だが、身体機能の回復ばかりに拘らず提案できる選択肢を広げるには、人的・物的環境へのアプローチも同時進行させることが望ましい。人的・環境的な代償により活動と参加を高めることは、身体機能の維持向上にもつながる。

　作業療法的な考えだと感じる理学療法士もいるだろうが、理学療法士しか訪問していないのであれば、少なくとも環境面の課題をスクリーニングして適切な人材につなぐことだけでもできた方がよい。餅は餅屋という言葉があるが、全人的に幅広く関われる視点を持ち、適宜適所につなぐコーディネートを行うよう心掛けよう。
　何か専門家らしいことを言わなくては、と気負わなくてもあなた自身の言動は他職種からみて十分に理学療法士っぽかったり、作業療法士っぽかったり、言語聴覚士っぽかったりしているものである。

　A対B（例えばスペシャリスト対ジェネラリスト）という二元論的な分類は、実はとても恣意的で主観的な分類である。AもBも本来は同じゴールに向かっているはずであるにも関わらず、いつの間にか互いに互いを非難しあう関係になっている、ということは日常的

にも経験があるのではないだろうか。

　重要なのは、A対Bという対立の構造を作ることでなくではなくAとBのバランスを保つことである。Aのみ秀でている、Bのみ秀でているというセラピストではなく、ジェネラリストとして裾野の広い知識をもち、それでいて特定の分野に強い逆Tの字のような人材が地域では求められているように感じられる。

　理学療法と作業療法が同じ「リハビリテーション費」として括られる中、訪問業務では理学療法的なアプローチと作業療法的なアプローチの両方を一人のセラピストに求められることも多い。医学的リハビリテーションの専門職として広い視野に立ち、特定の領域における理学療法・作業療法の専門性を発揮する、そのような訪問セラピストが今は求められているのではないだろうか。

　ところで人的・物的環境へのアプローチは果てしない。だが、それこそ在宅でのリハビリテーションの醍醐味ともいえる。家族への助言や福祉用具等の使用のみに留まらず、個別課題の積み重ねからのネットワーク構築、地域課題の発見、まちづくりへとつながっていく様は、まさに地域リハビリテーションと言え、医学的リハビリテーションのみでなく社会的リハビリテーションの範疇も含んでいる。

　この過程はもちろんセラピストのみで行えるはずもなく、当事者、住民、多職種と共につくり上げていくものである。また、社会的リハビリテーションはセラピストの教育課程で十分に学んでいるとは言い難い。OJT (On the Job Training) として様々な活動に参加しながら学んでいく必要があるだろう。

地域課題の検討の場の一つとして、地域ケア会議がある。「地域ケア会議と地域ケア会議の5つの機能」を**図15-1.2.3**に示す。実際に地域ケア会議に参加したことのあるセラピストはまだ少ないかもしれないが、実際に参加してみると地域の現状を知ることができる。

　地域の実態と地域資源を知ることは、その後の自身の業務において提案の幅を間違いなく増やすことができる。

　地域ケア会議へはセラピストも参画していくことが期待されてるし、知らないだけで実はかなり多くの地域ケアに関連したワーキンググループがどこの町にも存在しているはずである。そういった場に参加することにより自分自身の見聞は広がるし、何よりセラピストの持つ評価力と行動力はきっと地域の力になるであろう。

5 いくら言っても自主トレに取り組んでくれないんです

(極意その5「セラピストは提案者であれ」に対応)

新人A「最近男性の利用者さんに訪問し始めたんですが、一日中ベッド上で寝たり起きたりという生活を送っています。担当のケアマネジャーさんがデイサービスを勧めたところ、いきなりの利用にはご本人が納得しなかったようで、まずは訪問リハビリの方で運動習慣をつけてもらってデイサービス利用につなげてほしいと頼まれました。なんとか運動習慣をつけてもらおうと自主トレメニューを作って、普段の生活に取り入れてもらおうと訪問のたびに指導しているんですが、ぜんぜん取り組んでくれません。どう指導したらよいですか？」

先輩セラピスト「そうなんだね。その方はどんな方なの？」

新人A「えっと…80代の男性であまりしゃべらず無口な方ですね。あっ、昔は大工の棟梁さんだったらしいです」

先輩セラピスト「なるほどそういう方なんだね。もしかしたら、ご本人にとって上から目線で話されてるような感じがしてるんじゃないかな」

第4章 失敗の理由、解決のポイント

新人A「いつも上から目線にならないようには気をつけてるつもりなんですけど…」

先輩セラピスト「うん、でもさっき相談してくれたとき、Aさんは『指導に困ってる』って言ってたよね。知らず知らず無意識のうちに『指導する』っていう姿勢が言動に出てたのかもしれないよ。Aさんはまだ病院勤務から訪問に来て間もないから、どうしてもそういった雰囲気が出ちゃってるのかもね」

新人A「言われてみればそういうことかもしれませんね…」

先輩セラピスト「やっぱりまだ会って間もない、関係性の作れていない状況であれやれ、これやれ、あれやれ、って指図されるのって、なかなか受け入れられないんじゃないかな。Aさんだってそうじゃない？」

新人A「自分がその方の立場だったら受け入れにくいと思います」

先輩セラピスト「僕だって同じ立場だったら、Aさんと同じようになかなか受け入れにくいと思うよ。だからいつも僕は自主トレーニングとかに取り組んでほしい時は日常生活で困っていることや不安な事を訊き、それに対応したトレーニングや生活の工夫を提案するようにしてるよ」

新人A「ああ、なるほどぉ。それなら一方的になりにくいですね。お話もあまり訊けていなかったので、次回から仕切り直して、まずはお話を伺うことから始めていきます」

99

先輩セラピスト「うん、お話を伺いながら、その方にあった提案を心がけてね」

> 新人Aさんのその後の行動

その後、ご本人の話を伺っていく中で、ご本人としてはデイサービスの必要性については理解しているものの、腰痛があることでの外出への不安感があることがわかりました。

そこでホットパックやリラクゼーションなどで症状を緩和させるとともに、ご本人が日常でも取り組めそうな腰痛緩和のポイントなどもご本人の訴えに応じて提案し、徐々にご本人と相談しながらトレーニングの範囲を拡大していきました。

シルバーカーを利用すれば、自宅周辺は10分ほど歩けるようになってきたところで、Aさんは「これだけ歩けるようになってきたんだからデイサービスを利用するには十分なくらい動けてますよ。ケアマネジャーさんに良さそうなところをみつけてもらって、見学だけでもしてみたらどうです？」と提案。ご本人も「前よ

りかはだいぶ歩けるようになったし見るだけ見てみるか」と提案を受け入れてくれました。

早速ケアマネジャーに報告し、実際の利用にあたっては長時間のイス座位での腰痛の悪化を考慮して、できるだけ短時間のデイサービスが良いのではないかと提案して、実際のご利用につなげることができました。

解説

医療職はつい「指導」という言葉を使いがちである。指導という言葉が必ずしも悪いわけではないが、関係性を作れていない状況（お互いのことを良く知らない）で最初から指導ありきという姿勢は、ご本人に快く受け入れてもらえないことがほとんどではないだろうか。

医療機関であればそういった態度でも受け入れられることはあるのかもしれないが、在宅場面では十中八九上手くいかないだろう。自分の身に置き換えていただくと良いかもしれない。

訪問リハビリにおいてセラピストが体得すべき基本的な姿勢は、相手のことを知り、一方的に上から目線で話すのではなく、お話を伺いながら同じ目線でより良い生活に向けての方策を考え、提案していくことである。

6 やる気が落ちてきちゃったんです

（極意その6「とにかくほめろ〈少しの変化に気づけ〉」に対応）

新人A「半年前から訪問している利用者さんがいるんですが、近ごろ自主トレーニングの頻度が減ったり、表情も冴えないんです。訪問を始めたころはリハビリ病院を退院したばかりということもあって、近所のスーパーマーケットやコンビニまで買い物に行くことを目標にして週3回・1回40分の訪問リハビリに加え、自主トレーニングなどにも意欲的に取り組んでくれてたんです。やる気がなくなってしまったのでしょうか？」

先輩セラピスト「そうなんだね。いつも訪問のときはどんなことしてるんだい？」

新人A「えっと…、自主トレーニングのチェックと屋外歩行練習です」

先輩セラピスト「自主トレーニングのチェックや歩行練習の時にフィードバックはできてる？」

新人A「いちおう自主トレーニングについては、ご本人に取り組み具合を聞いて把握するようにしていて、歩行練習のときも、その時その時で良い姿勢で歩くように意識してもらうような声掛けはしています」

先輩セラピスト「Aさんなりに気をつけているわけなんだね。でも、その声掛けの中でほめることってあるのかな？」

新人A「…ほめることは少ないかもしれません」

先輩セラピスト「もしかしたら、ご本人自身が日ごろの頑張りが報われていない感じがしてるんじゃないかな。毎日同じような繰り返しでモチベーションが落ちちゃってるのかもね」

新人A「なるほどぉ。ほめてモチベーションを上がりやすくするってことですね」

先輩セラピスト「そうそう。それと歩行練習の時にタイムを計ったりして、客観的な数値で変化を追っていくのもお互いに変化を知ることができるし、ご本人にわかりやすく伝えることができていいんじゃないかな」

新人A「変化に気づきやすい工夫ですね。ご本人に話を訊いてみて改めて取り組んでみたいと思います」

新人Aさんのその後の行動

　後日、訪問した際にご本人に話を訊いてみたところ、「う〜ん、がんばってもがんばっても全然良くなっている気がしなくって、トレーニングしても無駄なんじゃないかって思うときもあって…」と話してくれました。やはり努力が報われていないと強く感じてしまったことで、徐々にモチベーションが低下してしまったようです。そこで、自主トレーニングに意欲的に取り組んでもらい、その経過を

残しておき、日ごろのがんばりをお互いに共有していきたいと思い、その日行った運動メニューや回数などが簡便につけられるチェックシートを作成することにしました。そして、1週間に1回、チェックシートを確認し、日ごろの取り組みの様子をより具体的に把握することでご本人のがんばりをほめるようにしていきました。

　また、屋外歩行練習ではストップウォッチを使って、目標地点までの所要時間を毎回測定してデータを取っていき、歩行スピードの変化についてご本人と共有していくことでモチベーションが下がりにくい状況をつくってみました。継時的なデータをとることでAさん自身も小さな変化にも気づきやすくなり、「今日は足の振り出しがいいような感じがしますね」といった声掛けも自然と口に出すことができるようになっていきました。また、ご本人からも「自分のやっていることがきちんと歩きにつながっているような感じがする」と、効果を実感している発言もきかれるようになっていきました。

第4章 失敗の理由、解決のポイント

> **解説**

　ご自宅での生活では、なかなかご本人自身で自覚できるような目立った変化が得られにくいということもあって、目標達成への道のりが徐々に、困難なもの、はるかに遠いものとなっていってしまいがちである。

　チェックシートやタイム測定などを行って、客観的な指標で示すことで現状への理解を深めることができ、セラピストとしても『ほめる』という肯定的なフィードバックを行いやすくなると思われる。

　また、ご本人がきちんと自分の状態と向き合うことができやすくなるだろうし、セラピスト自身も小さな変化に気づきやすくなってくるだろう。お互いが心身状態について共有していることで関係性も良くなっていき、トレーニングの効果も上がりやすくなっていくと思われる。また、気づきを得るために、あえて時々、自分の担当以外のお客様に訪問するような機会を設けてみるのもよいかもしれない。

7 この人への訪問、いつまで続くの？
（極意その7「いずれは手放せ」に対応）

新人A「自宅に引きこもりがちな生活を送っている80代男性の利用者さんなんですが、自宅での生活はほとんど自立しているため、3カ月ほど前から、訪問リハビリからデイサービスへの移行を、ケアマネジャーさんと相談して勧めているんです。ご本人はデイサービスには拒否的で身の周りのことは自分でできているし、運動も家に来てやってくれるからデイに行かなくても別にいいとおっしゃってるんです。最近はケアマネジャーさんも僕もちょっと諦めかけてきていて、このままの状態で訪問を続けていくのも仕方がないのかなって思うようになってきています。でも、何か違うような気もしていて……。どうしたらいいんでしょう？」

先輩セラピスト「何か違うっていうのは？」

新人A「う～ん…なんていうか引きこもりがちで今後廃用が進んでいってしまうことが心配ですけど、かといって身の周りのことはできてるし、ご本人も自分のことはできてるからこのままでいいんだって言ってますし、この方にリハビリの必要性があるのかな？　っていうところでどうなのかなぁって思ってて……」

先輩セラピスト「そっかぁ、それは悩ましいところだね。リハビリに対しての取り組み具合はどうなの？」

新人A「こちらが提示した運動は特に拒否なくやってくれますが、かといって特に意欲的っていう感じでもないです」

先輩セラピスト「一度ご本人にリハビリの必要性についてお話を伺ってみてはどうだろう？　ご本人がリハビリの運動は続けていきたいという意欲があれば続けていく意義はあるだろうし、ご本人がそれほど必要と感じていないのであれば、いったん訪問リハを卒業するということも考えていっていいんじゃないかと思うよ」

新人A「訪問リハビリを卒業するっていう選択肢もあるんですね」

先輩セラピスト「そうだよ。ただ、こちらからの一方的な判断では無くてきちんとご本人の話も聞いたり、ケアマネさんの意向も聞いたりして総合的に判断しなきゃいけないから慎重に行わなければならないけどね」

新人A「わかりました。ご本人にリハビリの必要性についてどう考えているのかきいてみたいと思います」

> **新人Aさんのその後の行動**

　その後、Aさんはご本人にリハビリの必要性について伺ってみたところ、「体調も安定しているし、そこそこ動けているから、そんなになくてもいいかなぁとは思ってんだけどねぇ」とのことだった。
　そのことを受けて担当ケアマネジャーと相談したところ、急にな

第4章　失敗の理由、解決のポイント

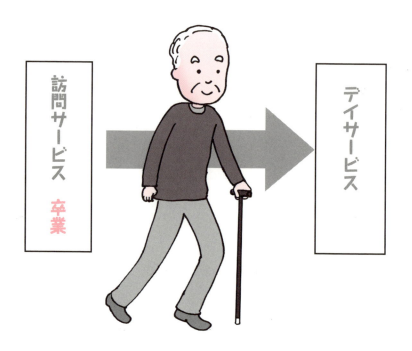

くすのは心配なため徐々に減らしていくこととなり、ご本人にも同意を得ました。相談の結果、1カ月後くらいを目途に週1回から2週間に1回の頻度で訪問してみて様子が変わらないようであれば、訪問リハビリの卒業を検討することとなりました。

その後、1カ月を経過した時点でも、特に体調や生活状況は特別変化なく安定していたため、改めてご本人や担当ケアマネジャーとも話し合って、訪問リハビリをいったん卒業することとなりました。

解説

訪問リハビリの現場では陥りがちなサービス提供状況である。

事業所の経営的側面からすればできる限り継続利用してくれた方がありがたいことではあるが、訪問リハビリにおけるプロフェッシ

ョナルという立場からすると、やはりここはしっかりと立ち止まって考えるべき状況であると思う。

　ご本人からのご希望等が聞かれないからといって何も考えずにただ漫然としたリハビリを提供したとして、真にその方の満足感や幸せにつなげることができるのだろうか。ご本人や担当セラピスト、担当ケアマネジャーなどの関係者にとって、訪問リハビリがあることが当たり前のようになってしまっているということはあまり好ましい状況とは言い難い。必要に応じて終了という選択肢を客観的に検討できるような姿勢は、常に持ち続けていかなければならないと思う。

訪問看護師のコラム③

手持ちのカードが
少なくて

　Kさんは90歳代の女性。高齢により徐々に体力が減退している状態で、「もうすぐ死んでしまうのだから、何もしなくていいのよ」という本人に、よい提案ができず困った新人Aさん。まさか、ご家族に逆に励まされて帰ってくるとは……。

　後日ご家族より聞いたのですが、「Aさんが一生懸命いろいろ勧めてくれているのに、母が何もしたくないのよ、と、ばかり言うものだから、わたしに何ができるかわからなくなりました。わたしでいいのでしょうか？　と弱音を吐かれて……。あなたはあなたのままでいいのよと励ましました。あんな母ですみません」と。

　Aさんには、「私だって病院の先生に弱音を吐かれたら不安になるよ！」と言ってしまいました。リハビリはいろいろな人生に寄り添うものです。手持ちのカードが少ないAさんにはお手上げだったのでしょう。KさんのこともAさんにとってよい経験になるはずと願ったものでした。

（藤原　祐子）

第5章

訪問リハ極意・
7カ条

尾崎 弘人

訪問リハ極意・7ヵ条 その1
人に関心をもて
（生き様や価値観）

　訪問リハビリでは、日常生活の中でそのご本人がどういったところに困難があって将来どういう姿でありたいのかということをはっきり話してくれる場合は目標が立てやすいが、そういう場合の方がむしろ少ないかもしれない。

　そういった場合は生活状況等や担当ケアマネジャーからの情報を基に暫定目標を立てて訪問リハビリを進めていくことになるが、そこで重要になってくるのが、「人に関心をもってご本人の生き様や価値観を知ろうとする」姿勢である。

　訪問を重ねていく中でセラピストとご本人の信頼関係が築けてくると、他愛のない世間話の中でチラッとその方の想いや価値観が垣間見えることがあり、ご本人に内在している目標やありたい姿というものが見えてくることも多い。

　そういったものをきちんと掬（すく）い上げ、目標設定を通して顕在化させていけば、共有していきやすくなっていく。

　こうした共有こそ、訪問リハビリがどのように進んでいくかの重要な部分であることは間違いないところである。

第5章 訪問リハ極意・7カ条

訪問リハ極意・7ヵ条 その2
いつもどおりを見よ

　訪問リハビリの現場は、対象となる方が実際に生活している場である。

　対象となる方が、いろいろと困りごとがあって不安や苦悩を抱えながらも、どのように折り合いをつけて毎日の生活を営んでいるんだろうかということを知ろうとする態度が重要である。

　その一端を知るうえでも初回訪問などではこちらから「なにかをしてもらう」ということではなく、「いつものようにおうちの中で動いている姿を見せていただけますか」と言って、いつもどおりのありのままの動作方法を見せてもらおう。ご本人なりに試行錯誤を重ねて編み出した動作方法や生活の工夫を見せていただくことで、生活様式を尊重した今後のはたらきかけの参考にしていくとともに、セラピスト自身の発見にもつながる。

　例えば、腰痛がある方のベッドからの起き上がり動作を見させていただいた際に、顔をしかめて息をこらえて起き上がっている姿が見えたとすると、どういう時に痛みが出やすいのかということを知ることができる。「起き上がる時が一番つらそうですね」というように声をかけると、ご本人様から「そうそう、一番起きるのがつらいのよぉ」という返答があったりする。

　そういった苦痛感に対する共感を示すことでセラピストに対する

信頼感を高めることにもつながり、それ以降の関係性を築きやすくすることにもつながっていくものである。

第5章 訪問リハ極意・7カ条

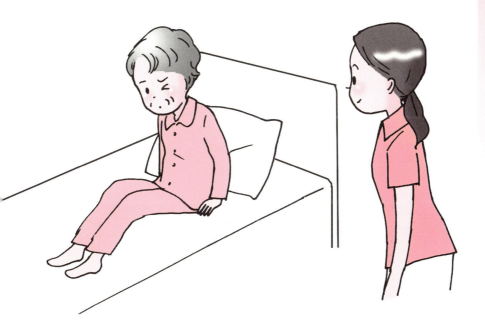

訪問リハ極意・7ヵ条 その3
できることに気づかせよ

　急性期や回復期のリハビリでは、少しでも正常なレベルに向けて回復を図っていくことが主体となる。機能障害や能力障害といったものに対して集中的にリハビリを行って、生活の困難さを軽減していくことで退院後の生活に向けて準備していく。

　一方、生活期のリハビリでは機能障害や能力障害といったものに対するリハビリはもちろん重要ではあるが、いかに入院生活で獲得した機能を在宅場面で最大限使いこなし、その人らしい生活を営むことができるのかということが課題になってくる。入院生活と同じように、できないことに焦点を当ててばかりいると、ご本人やご家族もできないことばかりにこだわり続けるようになってしまい、前向きな生活態度にはなりにくいだろう。

　今できていることに光を当て、それをしっかりと伸ばせていけるような関わりが大切である。できることは「しっかりとできているよ！」というはたらきかけが生活に自信をもたらし、能動的に生活を改善していくようになるのである。

第5章 訪問リハ極意・7カ条

訪問リハ極意・7ヵ条 その4
手持ちのカードを増やすべし

　在宅場面では、訪問した際に何気ない会話の中で日常の困りごとや本人の希望などが聞かれることが多く、限られた訪問回数や時間の中でスピーディーかつ的確に情報を提供することができるようにしたい。

　ご本人の声に素早く対応していくためには、日ごろからいろいろな情報にアンテナを張っておく姿勢が大切である。

　日本訪問リハビリテーション協会をはじめとした関連機関の勉強会や地域における研修会等に積極的に参加することで、自分たちを取り巻く状況などの情報や訪問セラピスト同士の関わりの中での新たな視点や知恵を得ることができる。

　地域の福祉用具業者のパンフレットを取り寄せて商品比較等もしておくのも良い。また、気になる商品については、デモ使用できるものであれば事前に試用してみて使い勝手なども確認しておくと、より提案の幅も広がっていくことだろう。

　筆者の場合、訪問している最中にご本人から福祉用具試用のご希望があれば、その場でいつも訪問バッグに入れて持ち歩いているカタログでご希望の商品を確認し、その場でケアマネジャーに報告し、

福祉用具業者に電話で問い合わせてしまうことも多い。できるようであれば、日程を調整してセラピストが訪問しているときにデモ商品を持ってきてもらうようにしている。セラピストと福祉用具専門員と協働することで、ご本人に最適な福祉用具をご提案することができる。

訪問リハ極意・7ヵ条 その5
セラピストは提案者であれ

　リハビリには発症期間によって、「急性期」「回復期」「生活期」というステージに区分することができる。急性期や回復期は治療的な要素が強いため、リハビリセラピストの態度も治療者の立場として「○○してください」「○○しなきゃダメですよ」というような指示的なものとなりがちである。

　筆者自身も新人で回復期病棟に勤務していたころは、そのような口調で患者さんに接していた。そのころ担当していたある患者さんと毎日のように上着を着替える練習をしていたが、失行の影響もあり、なかなか思うように習得できない患者さんについイライラしてしまい「そのやり方じゃダメですよ！　もっとこうやらなきゃ！」と強い口調で言ってしまったことがあった。それに対して鬼の形相で杖を振りかざして筆者を叩こうとした顔が、今でも忘れられない。

　そのときに自分自身の立ち振る舞いに深く反省し、それ以降はそういった言葉づかいはしないようにしており、訪問場面でも同様に続けている。

　退院後の生活、いわゆる「生活期」では、ご本人の生活空間であるご自宅にセラピストが直接入っていってリハビリサービスを提供す

るので、「○○するのはどうでしょう」という自己決定を促すようなはたらきかけを基本として、説明と合意をきちんと行いながら協力してリハビリを展開していくことが重要である。生活の主体者であるご本人やご家族に配慮のない一方的な態度では、ご本人やご家族から受け入れられることはなく、あくまで最終決定権はご本人やご家族にあることを忘れてはならない。

　セラピストはご本人やご家族を取り巻く状況を総合的に評価し、幸せに暮らせていけるような将来の生活プランを検討してわかりやすく伝え、ご自分たちの生活についてできるかぎりご自分たちで情報を取捨選択して決めていけるように支援していくのである。

訪問リハ極意・7ヵ条 その6
とにかくほめろ
（少しの変化に気づけ）

　人はだれしもほめられたいと思っているものだが、なかなかほめることに躊躇してしまいがちである。
　特に日本人は「ほめ下手」といわれており、思っていても口に出せないことも多い。

　人間の脳はほめられると「ドーパミン」という脳内物質が分泌され、気分を安定させ快感を感じるといわれている。
　また、学習効果にも良い影響があるとされており、リハビリ（＝外部環境との適応方法の再学習）に対しても大変大きな影響があると考えられる。

　ほめるということは相手に好感をもってよく観察して、よく聞き出し、相手の長所や美点を心にとめて伝えるということであり、それが不足しているとほめ言葉も見つからないものである。ほめるということは自分自身の観察力や洞察力、聞く力を磨くことにもなっていくのである。

　「変なふうに思われたらどうしよう」などと思わず、まずは自分が「良い！」と思ったことをその場でさらりと言う方が相手に自然に伝わるだろう。

ほめ上手になることでお互いに気持ちの良い時間を過ごすことができ、訪問リハビリの効果もより大きなものとすることができるのではないだろうか。

訪問リハ極意・7ヵ条 その7

いずれは手放せ

　訪問リハで重要なことは、セラピスト自身が「セラピストがいる生活は非日常生活である」というスタンスを常に持ち続けることである。

　訪問の現場ではセラピストとご本人の2人だけの世界になりがちで親密感が増しやすい一方で、訪問そのものが漫然としたものになってしまう恐れも大いにある。日ごろの訪問の中で、ご本人の生活にとって本当に訪問リハビリが必要なのか、客観性や専門性を生かすことができているのか、自立を妨げていないか、ということと同時に、ご本人の生活にとって何が一番しあわせなことなのかということを、常に考える姿勢が身についていく。

　目標達成に向けて一緒に努力・協力して取り組んでいき、目標達成がみえてきた時点で、セラピストがいなくても、他のサービス等を利用して生活が安定的に営めるのか否かを、しっかりと考えて見極めていく必要がある。

　生活が安定しており、今後もその状態が安定的に継続できるような見通しがつくようであれば、訪問頻度を減らしてみて一定期間経過しても安定しているようであれば「卒業」という方向性を示していく。いつ、だれに、どのようにして卒業に向けた話をしていくのかという計画をしっかりと立てて、関係者の理解を得ながら慎重に進めていく。

「卒業＝今生の別れ」ではなく、必要なときにはいつでもサービスを再開することができ、訪問セラピストはご本人にとっての長期的な生活サポーターであるというメッセージを、ご本人やご家族、ケアマネジャーの方々に伝えておくことも忘れてはならない。

第5章　訪問リハ極意・7カ条

訪問看護師のコラム④

多職種連携を知らない

　Tさんは60歳代の男性。パーキンソン病で日中独居です。奥様が出かけている時間はほとんどベッドで横になって過ごしているそうです。
　新人Aさんの訪問は週1回ですが、活動量を増やさないとますます動けなくなると危機感を感じているのに、どうやったら訪問の回数を増やすことができるのかわからないと……。
　増回の必要性についてはご本人とご家族と話し合っているか聞くと、まだ話していないとのこと。まず、ご本人とご家族と目標設定し、訪問の回数を増やすことに合意いただき、次にケアマネジャーにもご理解いただけるように説明すること、そして主治医にもご報告すること、と説明しました。

　予後を考えると、セラピストが関わっていくことだけではなく、デイサービスや訪問介護など、多職種につなげていく提案もしていく必要がでてくるかもしれないことをAさんとお話ししました。

　Aさんのお陰で、新人には多職種連携の手順を指導する必要性があることに気づくことができた経験でした。

（藤原　祐子）

執筆者

出江 紳一 (いずみ しんいち)
東北大学大学院医工学研究科　研究科長
リハビリテーション医工学分野教授

小堺 武士 (こざかい たけし)
ＫＫＲ北陸病院　理学療法士

尾崎 弘人 (おざき ひろと)
作業療法士

藤原 祐子 (ふじわら ゆうこ)
セントケア千葉株式会社課長
看護師

岡本 茂雄 (おかもと しげお)
セントケア・ホールディング株式会社執行役員
医療企画本部長

企画・執筆協力者

大庭 沙織 (おおば さおり)
(株)エミアス
訪問看護ステーションえみあす　理学療法士

吉井 朋代 (よしい ともよ)
JCHO東京新宿メディカルセンター訪問看護ステーション なないろ
緩和ケア認定看護師

事務局

村田 絵理沙 (むらた えりさ)
セントケア・ホールディング株式会社
医療企画本部事業開発部　主任

白井 尚 (しらい たかし)
セントケア・ホールディング株式会社
医療企画本部事業開発部　課長

■監修　出江　紳一（いずみ　しんいち）
東北大学大学院医工学研究科　研究科長・教授／同大学院医学系研究科　教授／同大学病院肢体不自由リハビリテーション科　科長。慶應義塾大学医学部卒業、リハビリテーション科専門医、公益社団法人日本リハビリテーション医学会理事。著書：『回復する身体と脳』中央法規、『リハスタッフのためのコーチング活用ガイド』医歯薬出版

■著者　地域リハビリテーション開発プロジェクトチーム
地域における「訪問リハビリ事業所」「訪問看護事業所」のリーダーセラピストの指導力向上と、セラピストの実践能力向上ができるよう、2013年12月より、セラピストの所属・職種を越えて結成。訪問リハビリテーションに携わるセラピストの行為・行動過程について検証を行い、地域で活躍するセラピストのガイドラインとして、本書〜プロフェッショナルになるための仕事の流儀「7つの極意」〜としてまとめた。

編集協力／株式会社耕事務所
カバーデザイン／クリエイティブ・コンセプト
本文デザイン／石川妙子
イラスト／小林裕美子

訪問リハビリテーション 7つの極意

平成28年11月15日　第1刷発行

監　修　者　出江紳一
発　行　者　東島俊一
発　行　所　株式会社 法 研
　　　　　　東京都中央区銀座1-10-1（〒104-8104）
　　　　　　販売03（3562）7671／編集03（3562）7674
　　　　　　http://www.sociohealth.co.jp
印刷・製本　研友社印刷株式会社

0123

小社は㈱法研を核に「SOCIO HEALTH GROUP」を構成し、相互のネットワークにより、"社会保障及び健康に関する情報の社会的価値創造"を事業領域としています。その一環としての小社の出版事業にご注目ください。

©HOUKEN 2016 Printed in Japan
ISBN978-4-86513-384-4　定価はカバーに表示してあります。
乱丁本・落丁本は小社出版事業課あてにお送りください。
送料小社負担にてお取り替えいたします。

JCOPY〈(社)出版者著作権管理機構　委託出版物〉
本書の無断複製は著作権法上での例外を除き禁じられています。複製される場合は、そのつど事前に、(社)出版者著作権管理機構（電話 03-3513-6969、FAX 03-3513-6979、e-mail：info@jcopy.or.jp）の許諾を得てください。